DeFi e o Futuro das Finanças

CB007943

CAMPBELL R. **HARVEY** ASHWIN **RAMACHANDRAN** JOEY **SANTORO**

DeFi e o Futuro *das* Finanças

Prólogo de **FRED EHRSAM**
Cofundador da Paradigm e da Coinbase

Prefácio de **VITALIK BUTERIN**
Cofundador da Ethereum

ALTA BOOKS
E D I T O R A
Rio de Janeiro, 2023

DeFi e o Futuro das Finanças

Copyright © 2023 da Starlin Alta Editora e Consultoria Ltda.

ISBN: 978-85-508-1862-7

Translated from original DeFi and the Future of Finance. Copyright © 2021 by Campbell R. Harvey, Ashwin Ramachandran, and Joey Santoro. ISBN 9781119836018. This translation is published and sold by permission of John Wiley & Sons, Inc., the owner of all rights to publish and sell the same. PORTUGUESE language edition published by Starlin Alta Editora e Consultoria Eireli, Copyright ©2023 by Starlin Alta Editora e Consultoria Eireli.

Impresso no Brasil — 1ª Edição, 2023 — Edição revisada conforme o Acordo Ortográfico da Língua Portuguesa de 2009.

Dados Internacionais de Catalogação na Publicação (CIP) de acordo com ISBD

H341d   Harvey, Campbell R.

DeFi e o futuro das finanças / Campbell R. Harvey, Ashwin Ramachandran, Joey Santoro ; traduzido por Daniel Perissé. - Rio de Janeiro : Alta Books, 2023.

208 p. ; 15,7cm x 23cm.

Tradução de: DeFi and The Future of Finance
Inclui índice.
ISBN: 978-85-508-1862-7

1. Economia. 2. Finanças. 3. DeFi. I. Ramachandran, Ashwin. II. Santoro, Joey. III. Perissé, Daniel. IV. Título.

| | CDD 330 |
| 2023-1054 | CDU 33 |

Elaborado por Vagner Rodolfo da Silva - CRB-8/9410

Índice para catálogo sistemático:
1. Economia 330
2. Economia 33

Produção Editorial
Grupo Editorial Alta Books

Diretor Editorial
Anderson Vieira
anderson.vieira@altabooks.com.br

Editor
José Ruggeri
j.ruggeri@altabooks.com.br

Gerência Comercial
Claudio Lima
claudio@altabooks.com.br

Gerência Marketing
Andréa Guatiello
andrea@altabooks.com.br

Coordenação Comercial
Thiago Biaggi

Coordenação de Eventos
Viviane Paiva
comercial@altabooks.com.br

Coordenação ADM/Finc.
Solange Souza

Coordenação Logística
Waldir Rodrigues

Gestão de Pessoas
Jairo Araújo

Direitos Autorais
Raquel Porto
rights@altabooks.com.br

Assistentes da Obra
Andreza Moraes
Beatriz de Assis

Produtores Editoriais
Illysabelle Trajano
Maria de Lourdes Borges
Paulo Gomes
Thales Silva
Thiê Alves

Equipe Comercial
Adenir Gomes
Ana Claudia Lima
Andrea Riccelli
Daiana Costa
Everson Sete
Kaique Luiz
Luana Santos
Maira Conceição
Nathasha Sales
Pablo Frazão

Equipe Editorial
Ana Clara Tambasco
Beatriz Frohe
Betânia Santos
Brenda Rodrigues

Caroline David
Erick Brandão
Elton Manhães
Gabriela Paiva
Gabriela Nataly
Henrique Waldez
Isabella Gibara
Karolayne Alves
Kelry Oliveira
Lorrahn Candido
Luana Maura
Marcelli Ferreira
Mariana Portugal
Marlon Souza
Matheus Mello
Milena Soares
Patricia Silvestre
Viviane Corrêa
Yasmin Sayonara

Marketing Editorial
Amanda Mucci
Ana Paula Ferreira
Beatriz Martins
Ellen Nascimento
Livia Carvalho
Guilherme Nunes
Thiago Brito

Atuaram na edição desta obra:

Tradução
Daniel Perissé

Copidesque
Leandro Menegaz

Revisão Gramatical
Alessandro Thomé
Carlos Bacci

Revisão Técnica
Marco Aurélio Antongiovanni
Formado pela FGV - Escola de Administração de Empresas

Diagramação
Daniel Vargas

Editora afiliada à:

Rua Viúva Cláudio, 291 — Bairro Industrial do Jacaré
CEP: 20.970-031 — Rio de Janeiro (RJ)
Tels.: (21) 3278-8069 / 3278-8419
www.altabooks.com.br — altabooks@altabooks.com.br
Ouvidoria: ouvidoria@altabooks.com.br

SUMÁRIO

PRÓLOGO

DeFi é um acrônimo bonitinho para "decentralized finance" (finanças descentralizadas), mas isso ofusca seu verdadeiro potencial: um novo sistema de finanças, construído do zero. Embora o DeFi seja pequeno hoje — contendo, na publicação deste livro, dezenas de bilhões de dólares em ativos, enquanto o sistema financeiro tradicional contém centenas de trilhões —, está crescendo rapidamente. E embora sua ascensão deva levar décadas, acredito que o DeFi será o sistema financeiro primário no mundo.

E por quê? Porque o DeFi é o verdadeiro "dinheiro da internet." A internet mostrou o poder de uma rede aberta e universal para a informação. Em quarenta anos, a ideia de uma rede global igualmente aberta para transferência de valores parecerá óbvia, o que torna isso uma verdade escondida de todos hoje.

Como se dá com qualquer outra nova tecnologia, a cripto e o novo sistema financeiro descentralizado construído sobre ela serão diferentes de seus análogos do velho mundo. O DeFi é único em relação ao sistema financeiro tradicional, porque não requer autorizações, tem acesso aberto, além de ser global, componível e transparente. Não são mais necessárias instituições centralizadas para ações financeiras básicas. Com o DeFi, você pode ser seu próprio banco e obter crédito de um código em blockchain — sem precisar de uma instituição!

No entanto, muito pouco da infraestrutura desse ecossistema foi construído. O fenômeno DeFi está 1% — provavelmente menos — desenvolvido. Um crescente ecossistema de desenvolvedores em todo o mundo está atualmente produzindo os blocos de construção financeiros de amanhã. Em nossa empresa de cripto-investimento, Paradigm, sempre nos perguntamos: "Se existisse uma tabela periódica dos elementos-base financeiros, o que foi construído até hoje e o que falta preencher?" Esta é a oportunidade dos empreendedores.

O DeFi, assim como a internet, provavelmente tornará os serviços financeiros mais baratos, rápidos, seguros, personalizados e muito mais. Se o YouTube aumentou a amplitude do conteúdo de vídeo em enorme escala porque era gratuito e fácil para qualquer pessoa criar e assistir vídeos, o que o DeFi fará pelos produtos financeiros, uma vez que permite que qualquer pessoa crie e use qualquer coisa quase gratuitamente?

O futuro ainda não foi escrito. Este livro oferece um vislumbre desse futuro, e você, leitor, detém o poder de criá-lo.

Fred Ehrsam

Cofundador e sócio-gerente da Paradigm

Cofundador da Coinbase

PREFÁCIO

Finanças descentralizadas (ou DeFi) sempre foi parte do que eu esperava ver as pessoas construindo na Ethereum. As ideias em torno de ativos emitidos por usuários, stablecoins, mercados de previsão, exchanges descentralizadas e muito mais já estavam em minha mente, assim como na mente de muitos outros tentando construir o próximo estágio da tecnologia blockchain naqueles primeiros e especiais dias de 2013–14. Mas, em vez de criar uma plataforma limitada visando um conjunto de casos de uso existentes conhecidos, como muitos outros fizeram, a Ethereum introduziu a programabilidade de uso geral, permitindo contratos baseados em blockchain que podem conter ativos digitais e transferi-los de acordo com regras predefinidas e até mesmo suportar aplicativos com componentes que não são financeiros.

As pessoas na comunidade Ethereum começaram a trabalhar em aplicativos como stablecoins on-chain, mercados de previsão e exchanges quase imediatamente, mas somente depois de mais de cinco anos o ecossistema realmente começou a amadurecer. Acredito que o DeFi criará um novo sistema financeiro fácil de usar e acessível para o mundo todo. Por exemplo, aplicativos como stablecoins são algumas das inovações mais valiosas do DeFi até agora. Eles permitem que qualquer um no mundo se beneficie da resistência à censura, autosoberania e acessibilidade global instantânea das criptomoedas, mantendo a estabilidade do poder de compra do dólar — ou, se essa moeda deixar de ser estável, permitem que as pessoas movam rapidamente seus fundos para outro ativo mais capacitado para manter a estabilidade.

Então por que o DeFi é importante? A censura financeira continua a ser um problema para grupos marginalizados, com restrições e dificuldades impostas que muitas vezes vão além do que é realmente exigido por qualquer lei. Isso é duplamente verdade quando começamos a olhar além da bolha relativamente segura dos países desenvolvidos. O DeFi reduz muito o custo de experimentação, tornando muito mais fácil a criação de um novo aplicativo, e os contratos inteligentes com código-fonte aberto verificável reduzem bastante a barreira de precisar confiar no grupo fundador para gerenciar fundos. O DeFi oferece "componibilidade", permitindo que novos aplicativos interoperem de maneira fácil e imediata com outros já existentes. Essas são melhorias sérias em relação ao sistema financeiro tradicional e que, acredito, permanecem subestimadas.

No livro *DeFi e o Futuro das Finanças*, os autores discutem muitas das melhorias adicionais que o DeFi oferece sobre o sistema tradicional. Eles também explicam o funcionamento aprofundado de muitos dos protocolos DeFi mais importantes hoje, incluindo stablecoins, formadores de mercado automatizados e outros. Recomendo este livro a qualquer um interessado em saber mais sobre a Ethereum e os protocolos DeFi.

Vitalik Buterin

Cofundador da Ethereum

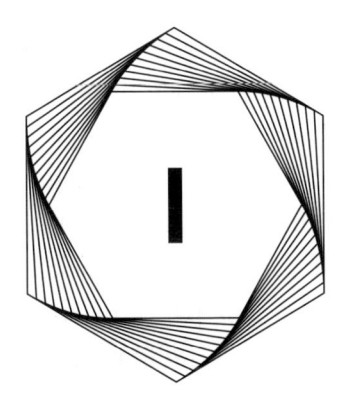

INTRODUÇÃO

Temos um círculo completo. A primeira forma de negócio no mercado consistia de uma permuta entre as partes envolvidas; isso também era conhecido como escambo.[1] A troca era altamente ineficiente porque oferta e demanda tinham que ser combinadas de maneira exata entre os pares. Para resolver o problema de combinar, o dinheiro foi introduzido como um meio de troca e reserva de valor. Os tipos iniciais de dinheiro não eram centralizados. Os agentes aceitavam qualquer número de itens, como pedras ou conchas, em troca de bens. Até que, por fim, o dinheiro em espécie surgiu, uma forma na qual a moeda tinha um valor tangível. Hoje temos moeda sem garantia (fiduciária) controlada pelos bancos centrais. A forma do dinheiro mudou com o tempo, mas a infraestrutura básica das instituições financeiras não.

No entanto, o caminho adiante está apontando para uma ruptura histórica de nossa atual infraestrutura financeira. O DeFi, ou finanças descentralizadas, busca construir e combinar blocos de construção financeiros de código aberto em produtos sofisticados com atrito minimizado e valor maximizado para os usuários que utilizam a tecnologia blockchain. Dado que não custa mais fornecer serviços para um cliente com US$100 ou US$100 milhões em ativos, acreditamos que o DeFi substituirá, no futuro, toda a infraestrutura financeira centralizada significativa. Essa é uma tecnologia de inclusão pela qual qualquer pessoa pode pagar a taxa fixa para usar e se beneficiar das inovações do DeFi.

O DeFi é fundamentalmente um mercado competitivo de aplicativos financeiros descentralizados que funcionam como vários fundamentos financeiros, tais como trocar, salvar, emprestar e tokenizar. Esses aplicativos se beneficiam dos efeitos de rede de combinar e recombinar produtos de DeFi e atrair cada vez mais participação de mercado do ecossistema financeiro tradicional.

Nosso livro detalha os problemas que o DeFi resolve: **controle centralizado, acesso limitado, ineficiência, falta de interoperabilidade** e **opacidade**. Em seguida, descrevemos o cenário de DeFi atual e de rápido crescimento e apresentamos uma visão das oportunidades futuras que o DeFi abre. Comecemos pelos problemas.

CINCO PROBLEMAS-CHAVE PARA OS SISTEMAS FINANCEIROS CENTRALIZADOS

Durante séculos, vivemos em um mundo de finanças centralizadas. Os bancos centrais controlam o suprimento de dinheiro. Negócios financeiros são feitos amplamente via intermediários. Os empréstimos são realizados por meio de instituições bancárias tradicionais. Nos últimos cinco anos, no entanto, progressos consideráveis têm sido feitos em um modelo bem diferente: a descentralização financeira. Nessa estrutura, os pares interagem entre si por meio de um registro comum não controlado por nenhuma organização centralizada. O DeFi oferece um potencial considerável para resolver os cinco problemas-chave a seguir, associados com a centralização financeira: controle centralizado, acesso limitado, ineficiência, falta de interoperabilidade e opacidade.

1. ***Controle Centralizado***. A centralização tem muitas camadas. A maioria dos consumidores e empresas lida com um banco único, localizado, que controla impostos e taxas. A troca é possível, mas pode ser cara. Além disso, o sistema bancário dos EUA é altamente concentrado. Os quatro maiores bancos têm uma participação de 44% dos depósitos segurados, em comparação com os 15% de 1984.[2] Curiosamente, o sistema bancário dos EUA é menos concentrado do que em outros países, como o Reino Unido ou o Canadá. Em um sistema bancário centralizado, uma entidade consolidada tenta definir taxas de juros de curto prazo e influenciar a taxa de inflação.

   Esse fenômeno vai além do setor financeiro legado para protagonistas da tecnologia, como Amazon, Facebook e

Google, que agora dominam setores como vendas no varejo e publicidade digital.

2. ***Acesso Limitado***. Hoje, 1,7 bilhão de pessoas não têm conta bancária, o que torna muito desafiador para elas obter empréstimos e operar no mundo do comércio pela internet. Além disso, muitos consumidores devem recorrer a operações de empréstimo consignado para cobrir deficiências de liquidez. Estar no banco, no entanto, não garante o acesso. Por exemplo, um banco pode não querer se preocupar com o pequeno empréstimo que um novo negócio exige. Em vez disso, pode sugerir um financiamento com cartão de crédito, que traz consigo uma taxa de juros bem acima de 20% ao ano — uma alta barreira de dificuldade para encontrar projetos de investimentos rentáveis.

3. ***Ineficiência***. Um sistema financeiro centralizado tem muitas ineficiências. Talvez o exemplo mais flagrante seja a taxa das operadoras de cartão de crédito, que faz com que consumidores e pequenas empresas percam até 3% do valor de uma transação cada vez que passam o cartão, devido ao poder de precificação do oligopólio da rede de pagamento. As taxas de remessa estão entre 5% e 7%. O tempo também é desperdiçado nos dois dias necessários para "liquidar" uma transação de ações (transferir oficialmente a propriedade). Na Era da Internet, isso parece totalmente implausível. Outras ineficiências incluem transferências caras (e lentas) de fundos, taxas de corretagem diretas e indiretas, falta de segurança e a incapacidade de realizar microtransações, muitas das

quais não são óbvias para os usuários. No sistema bancário atual, as taxas de juros dos depósitos permanecem muito baixas, e as taxas de empréstimos, altas, porque os bancos precisam cobrir seus custos físicos. Outro bom exemplo é a área de seguros.

4. ***Falta de Interoperabilidade***. Os consumidores e as empresas lidam com instituições financeiras em um ambiente que bloqueia a interconectividade. É notório que o sistema financeiro dos EUA é isolado e projetado para sustentar altos custos de mudança. Mover o dinheiro de uma instituição para outra pode ser excessivamente demorado e complicado. Por exemplo, uma transferência eletrônica pode levar três dias para ser concluída.

Na tentativa de mitigar esse problema dentro do mundo das finanças centralizadas, em 2019 a Visa tentou adquirir a Plaid,[3] um produto que permite a qualquer empresa se conectar à pilha de informações de uma instituição com a permissão do usuário. Embora tenha sido um movimento estratégico para ajudar a Visa a ganhar algum tempo, não abordou os problemas fundamentais com a infraestrutura financeira atual.

5. ***Opacidade***. O sistema financeiro atual não é transparente. Os clientes dos bancos têm muito poucas informações sobre a saúde financeira de seus bancos e, em vez disso, devem confiar na proteção limitada do governo do seguro FDIC [seu equivalente no Brasil é o FGC — Fundo Garantidor de Créditos] em seus depósitos. Além disso, é difícil para eles saber se a taxa que lhes é oferecida em um empréstimo é competitiva. Embora o setor de seguros

ao consumidor tenha feito algum progresso com serviços de fintech que se oferecem para encontrar o preço "mais baixo", o mercado de empréstimos é muito fragmentado, mas, ainda assim, todos os credores concorrentes sofrem com as ineficiências do sistema. O resultado é que o preço mais baixo ainda reflete o legado das lojas físicas tradicionais e dos custos inchados de back-office.

IMPLICAÇÕES

As implicações desses cinco problemas são duplas. Primeiro, muitos desses custos levam a um *crescimento econômico mais baixo*. Por exemplo, se as taxas de empréstimo forem altas devido a custos legados, projetos de investimento de alta qualidade podem ser abandonados, conforme explicado anteriormente. Uma ideia de alta qualidade de um empreendedor pode atingir uma taxa de retorno de 20% — precisamente o tipo de projeto que acelera o crescimento econômico. Se o banco disser ao empreendedor para pedir dinheiro emprestado em seu cartão de crédito a 24% ao ano, esse projeto aparentemente lucrativo pode nunca ser viabilizado. Segundo, esses problemas perpetuam ou agravam a *desigualdade*. Em todo o espectro político, a maioria das pessoas concorda que deve haver igualdade de oportunidades: um projeto deve ser financiado com base na qualidade da ideia e na solidez do plano da execução, e não em outros fatores. É importante ressaltar que a desigualdade também limita o crescimento quando boas ideias não são financiadas. Embora supostamente seja a terra das oportunidades, os EUA têm um dos piores registros de migração de renda do quartil inferior para o superior.[4] A desigualdade de oportunidades surge, em parte, da falta de acesso ao sistema bancário atual, da dependência de financiamento alternativo caro, como empréstimos com base em folha de pagamento e da incapacidade de comprar ou vender no mundo moderno do comércio eletrônico.

Essas implicações são de longo alcance e, por qualquer ângulo que se veja, essa é uma longa lista de graves problemas endêmicos ao nosso atual sistema de finanças centralizadas. A nossa infraestrutura financeira fracassou em se adaptar à era digital na qual vivemos. As finanças descentralizadas oferecem novas oportunidades. A tecnologia é incipiente, mas o lado positivo é potencialmente transformacional.

Nosso livro tem vários objetivos. Primeiro, identificaremos as fraquezas do sistema atual, incluindo a discussão de algumas iniciativas preliminares que desafiaram os modelos de negócios de finanças centralizadas. Em seguida, exploraremos as origens da descentralização de finanças. Então, discutiremos um componente crítico do DeFi: a tecnologia blockchain, e em seguida, detalharemos as soluções que o DeFi oferece, associando a isso um aprofundamento de algumas ideias de ponta nesse espaço emergente. Por fim, analisaremos os principais fatores de risco e concluiremos olhando para o futuro e tentando identificar os ganhadores e os perdedores.

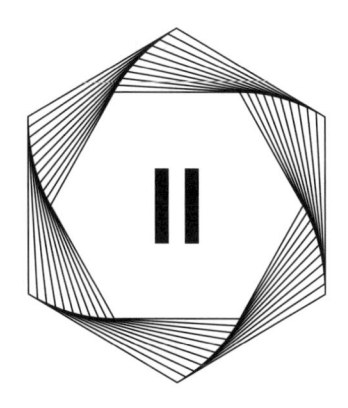

AS ORIGENS DA DESCENTRALIZAÇÃO FINANCEIRA MODERNA

UMA RÁPIDA HISTÓRIA DAS FINANÇAS

Mesmo que o sistema financeiro de hoje seja atormentado por ineficiências, é muito melhor do que os do passado, nos quais as trocas de mercado eram realizadas pessoa a pessoa e exigiam que as necessidades de duas partes fossem mutuamente correspondentes. A partir disso, surgiu nas aldeias um sistema de crédito informal, em que as pessoas mantinham um registro mental de "presentes."[1]

A cunhagem moderna veio muito mais tarde, surgindo pela primeira vez na Lídia, por volta de 600 a.C. e fornecendo o que consideramos as funções atuais do dinheiro: unidade de conta, meio de troca e reserva de valor. Entre as características importantes do dinheiro, estão: durabilidade, portabilidade, divisibilidade, uniformidade, oferta limitada, aceitabilidade e estabilidade. As notas bancárias, originárias da China, chegaram à Europa no século XIII.

As transferências não físicas de dinheiro surgiram em 1871, com a Western Union. A Figura 2.1 mostra a cópia de uma transferência antecipada de US$300. Repare como as taxas chegam a US$9,34, ou aproximadamente 3%. É notável que tão pouco tenha mudado em 150 anos: as transferências de dinheiro são rotineiramente mais caras, e as taxas de cartão de crédito são de 3%.

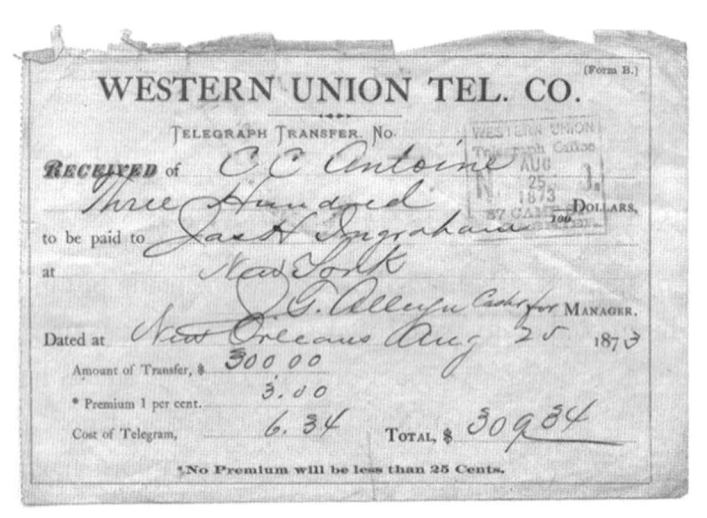

Figura 2.1 Transferência da Western Union de 1873
Fonte: Western Union Holdings, Inc.

Os últimos 75 anos viram muitas estreias no mercado financeiro: o cartão de crédito em 1950 (Diners Club); o caixa eletrônico ou "automated teller machine" (ATM) em 1967 (Barclays Bank); o "phone banking" em 1983 (Bank of Scotland); a "internet banking" em 1994 (Stanford Federal Credit Union); os pagamentos de identificação por rádio frequência ou "radio-frequency identification payments" (RFID) em 1997 (Mobil Speedpass); os cartões de crédito com chip em 2005 (Mastercard); e o Apple Pay com dispositivos móveis em 2014 (Apple).

É importante ressaltar que todas essas inovações foram construídas na espinha dorsal das finanças centralizadas. Embora tenha havido alguns avanços tecnológicos, a estrutura do sistema bancário atual não mudou muito nos últimos 150 anos. Ou seja, a digitalização ainda suportava uma estrutura legada. Os altos custos associados com esse sistema legado estimularam novos avanços, conhecidos como *fintech*.

FINTECH

Quando os custos são altos, a inovação se encarrega de capitalizar as ineficiências. Às vezes, no entanto, uma poderosa camada de intermediários pode retardar esse processo. Um exemplo inicial de finanças descentralizadas surgiu no mercado de câmbio (forex) há vinte anos. Na época, grandes corporações usaram seus bancos de investimentos para administrar suas necessidades de forex. Por exemplo, uma corporação baseada nos EUA pode precisar de €50 milhões no final de setembro para pagar alguns bens comprados na Alemanha. Seu banco cotaria uma taxa extra para a transação. Ao mesmo tempo, outro cliente do banco pode precisar vender €50 milhões no final de setembro.

O banco cotaria uma taxa diferente. A diferença na taxa é conhecida como spread — o lucro que o banco tem por ser o intermediário. Dado o mercado forex de vários trilhões de dólares, isso se constituiu em parcela importante dos lucros dos bancos.

No início 2001, uma fintech ofereceu a seguinte ideia:[2] em vez de as empresas individuais consultarem vários bancos para obterem a melhor taxa, por que não ter um sistema eletrônico que combine os compradores e vendedores diretamente, a um preço acordado, e *sem* spread? Com efeito, o banco poderia oferecer esse serviço a seus próprios clientes e cobrar uma comissão modesta (em comparação com o spread). Além disso, dado que alguns clientes lidam com vários bancos, seria possível conectar clientes em todos os bancos participantes da rede peer-to-peer.

Você pode imaginar a recepção. O banco diria: "Você está sugerindo que devemos investir em um sistema eletrônico que canibalizará os nossos negócios e eliminará em grande parte um centro de lucro muito importante?" Contudo, mesmo há vinte anos, os bancos perceberam que seus maiores clientes estavam muito insatisfeitos com o sistema vigente. À medida que a globalização aumentava, esses clientes passaram a enfrentar custos desnecessários de transações forex.

Um exemplo ainda anterior foi a ascensão da negociação de ações em dark pools [locais privados para negociação de títulos]. Em 1979, nos EUA, a Securities and Exchange Commission (SEC) [equivalente no Brasil à Comissão de Valores Mobiliários] instituiu a Regra 19c3, que permitia às ações listadas em uma bolsa, como a de Nova York (NYSE), serem negociadas fora dela. Muitas grandes instituições mudaram seus grandes blocos de negociação para esses dark pools, negociando peer-to-peer com custos mais baixos do que as transações em bolsa.

Os custos excessivos de transação deram início a muitas inovações de fintech. O PayPal,[3] fundado há mais de vinte anos, é um precursor no mundo dos pagamentos; em 2017, sete dos principais bancos dos EUA adicionaram seu próprio sistema de pagamentos, chamado Zelle.[4] Um importante ponto em comum desses avanços fintech de redução de custos é que eles contam com a espinha dorsal centralizada da infraestrutura financeira atual.

BITCOIN E CRIPTOMOEDAS

As dezenas de iniciativas de moeda digital que nasceram no início dos anos 1980 fracassaram.[5] O panorama mudou, no entanto, com a publicação do famoso white paper[6] [documento informativo]sobre o Bitcoin, de Satoshi Nakamoto, em 2008, que apresenta um sistema peer-to-peer descentralizado e que usa o conceito de *blockchain*. Inventado em 1991 por Haber e Stornetta,[7] o blockchain foi inicialmente concebido para ser um sistema de registro de data e hora para acompanhar as diferentes versões de um documento. A principal inovação do Bitcoin foi combinar a ideia de blockchain (carimbo de hora) com um mecanismo de consenso chamado de prova de trabalho (ou *proof of work*, introduzido por Back[8] em 2002). A tecnologia produziu um livro-razão imutável, que eliminou um problema importante com qualquer ativo digital: você pode fazer cópias perfeitas e gastá-las várias vezes. Blockchains levam em conta os recursos importantes desejáveis em uma reserva de valor, que antes nunca estavam presentes em um único ativo. Blockchains permitem escassez criptográfica (o Bitcoin tem um limite de oferta fixo de 21 milhões), resistência à censura e soberania do usuário (nenhuma entidade além do usuário pode determinar como usar os fundos) e portabilidade (pode ser enviada a qualquer lugar, em qualquer quantidade, a uma taxa fixa baixa). Esses recursos, combinados em uma única tecnologia, tornam a criptomoeda uma inovação poderosa.

A proposta de valor do Bitcoin é importante e pode ser mais bem compreendida se justaposta à de outros ativos financeiros. Por exemplo, considere o dólar (USD), que costumava ser lastreado em ouro antes que o padrão-ouro fosse abandonado em 1971. Agora a demanda por USD vem de (a) impostos, (b) compra de mercadorias dos EUA denominadas em USD e (c) pagamento de dívidas denominadas em USD. Esses três casos criam valor que não é intrínseco, mas sim baseado na rede que é a economia dos EUA. A expansão ou a contração nesses componentes pode impactar o preço do USD. Adicionalmente, choques na oferta de USD ajustam seu preço a um determinado nível de demanda. O Fed [Banco Central dos EUA] pode ajustar a oferta de USD por meio da política monetária, na tentativa de alcançar objetivos financeiros ou políticos. A inflação devora o valor do USD, diminuindo sua capacidade de armazenar valor ao longo do tempo. Alguém pode estar preocupado com a inflação descontrolada — aquilo que Paul Tudor Jones chama de *a grande inflação monetária* —, o que levaria a uma fuga para ativos resistentes à inflação.[9] O ouro provou ser um ativo bem-sucedido de proteção contra a inflação, devido à sua oferta praticamente limitada, utilidade concreta e confiabilidade global geral. Entretanto, como o ouro é um ativo volátil, sua capacidade histórica de cobertura é realizada apenas em horizontes extremamente longos.[10]

Muitos argumentam que o Bitcoin não tem valor "tangível" e, portanto, deveria não ter valor. Continuando com a comparação com o ouro, aproximadamente 2/3 dele são usados para joias, e outra quantidade adicional, em tecnologia de hardware. O ouro tem um valor tangível. O dólar americano, enquanto moeda fiduciária, tem valor como "moeda legal." No entanto, há muitos exemplos na história em que a moeda surgiu sem qualquer respaldo que tivesse valor.

Um exemplo relativamente recente é o dinar suíço iraquiano, que foi a moeda do Iraque até a Guerra do Golfo, em 1990. As chapas de impressão foram fabricadas na Suíça (daí o nome), e a impressão, terceirizada para o Reino Unido. Em 1991, o Iraque foi dividido, com os curdos controlando o norte, e Saddam Hussein, o sul. Devido às sanções, o Iraque não pôde importar dinares do Reino Unido e teve que iniciar produção local. Em maio de 1993, o Banco Central iraquiano anunciou que os cidadãos tinham 3 semanas para trocar 25 dinares do modelo velho por novos (Figura 2.2). Depois disso, o antigo dinar seria irresgatável.

O velho dinar suíço iraquiano, todavia, continuou sendo usado no norte. No sul, o novo dinar foi castigado por uma inflação extrema. Por fim, a taxa de câmbio era de 300 dinares novos para um único dinar suíço iraquiano. O principal insight aqui é que o dinar suíço iraquiano não tinha apoio oficial — mas era aceito como dinheiro. Ele não tinha valor tangível, mas tinha valor. É importante ressaltar que o valor pode ser derivado de fontes tangíveis e intangíveis.

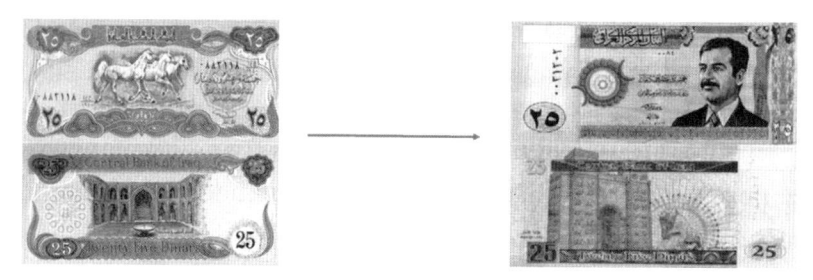

Figura 2.2 Dinares suíço-iraquianos e dinares novos
Fonte: Banco Central do Iraque

Os recursos do Bitcoin que mencionamos — particularmente a escassez e a autossoberania — o tornam uma reserva potencial de valor e possível proteção para a agitação política e econômica nas mãos dos governos globais. À medida que a rede cresce, a proposta de valor só aumenta, devido ao aumento de confiança e da liquidez. Embora o Bitcoin tenha sido originalmente pensado para ser uma moeda ponto a ponto, suas características deflacionárias e taxas fixas desencorajam seu uso em pequenas transações. Argumentamos que o Bitcoin é a nau capitânia de uma nova classe de ativos, as criptomoedas, que podem ter casos de uso variados com base na construção de suas redes. O Bitcoin, acreditamos, continuará a crescer como uma importante reserva e uma potencial proteção contra a inflação em horizontes longos.[11]

As criptomoedas originais ofereciam uma alternativa a um sistema financeiro que havia sido dominado por governos e instituições centralizadas, como bancos centrais. Elas surgiram em grande parte pelo desejo de substituir sistemas financeiros ineficientes e isolados por algoritmos imutáveis sem fronteiras e de código aberto. Essas novas moedas podem ajustar seus parâmetros, como inflação e mecanismos de consenso, por meio de seu blockchain subjacente para criar diferentes propostas de valor. Discutiremos blockchain e criptomoedas com maior profundidade mais tarde, mas por agora nos concentraremos em uma criptomoeda específica, com relevância especial para DeFi.

ETHEREUM e o DeFi

Ethereum (ETH) é atualmente a segunda maior criptomoeda em valor de mercado (US$260 bilhões). Vitalik Buterin apresentou a ideia em 2014, e a Ethereum minerou seu primeiro bloco em 2015. Ethereum é, em algum sentido, uma extensão lógica das aplicações do Bitcoin porque permite *contratos inteligentes* [em inglês, "smart contracts"] — códigos que vivem em um blockchain, podem controlar ativos e dados e definem interações entre os ativos, os dados e os participantes da rede. A capacidade para contratos inteligentes define a Ethereum como uma *plataforma de contratos inteligentes.*

A Ethereum e outras plataformas de contratos inteligentes deram especificamente origem ao *aplicativo descentralizado,* ou *dApp.* Os componentes de backend desses aplicativos são construídos com contratos inteligentes transparentes e interoperáveis, que continuam a existir se a cadeia em que vivem existir. Os dApps permitem aos pares interagirem diretamente e eliminam a necessidade de uma empresa atuar como câmara de compensação central para interações com o aplicativo. Logo ficou claro que os primeiros dApps a mandar bem seriam os financeiros.

O impulso para os dApps financeiros tornou-se o movimento DeFi, que busca construir e combinar blocos de construção financeiros de código aberto em produtos sofisticados com atrito minimizado e valor maximizado para os usuários. Por não custar mais, em nível de organização, e fornecer serviços a um cliente com US$100 ou US$100 milhões em ativos, os proponentes do DeFi acreditam que toda infraestrutura financeira significativa será substituída por contratos inteligentes, que podem fornecer mais valor a um grupo maior de usuários. Qualquer um pode simplesmente pagar a taxa fixa para usar o contrato e se beneficiar das inovações do DeFi. Discutiremos plataformas de contratos inteligentes e dApps mais profundamente no Capítulo 3.

O DeFi é, essencialmente, um mercado competitivo de dApps financeiros, que funcionam como vários "fundamentos" financeiros, como câmbio, empréstimo e tokenização. Eles se beneficiam dos efeitos da rede de combinar e recombinar os produtos DeFi e atrair cada vez mais participação de mercado do ecossistema financeiro tradicional. Nossa meta neste livro é dar uma visão geral dos problemas que o DeFi resolve, descrever o cenário atual e em rápido crescimento do DeFi e apresentar uma visão das oportunidades futuras que o DeFi descerra.

INFRAESTRUTURA DEFI

Neste capítulo, discutiremos as inovações que levaram ao DeFi e apresentaremos a terminologia.

BLOCKCHAIN

A chave para todo o DeFi é sua espinha dorsal descentralizadora: um blockchain. Fundamentalmente, blockchains são protocolos de software que permitem que várias partes operem sob suposições e dados compartilhados sem confiar umas nas outras. Esses dados podem ser qualquer coisa, como informações de localização e destino de itens em uma cadeia de suprimentos ou saldo de tokens em uma conta. As atualizações são agrupadas em "blocos" (em inglês, *blocks*) e "trancadas" (em inglês, *chained*) juntas criptograficamente para permitir uma auditoria do histórico anterior — daí o nome.

Blockchains são possíveis por causa dos *protocolos de consenso* — conjuntos de regras que determinam que tipos de blocos podem se tornar parte de uma cadeia e, assim, a "verdade." Esses protocolos de consenso são projetados para resistir a adulterações maliciosas até um determinado limite de segurança. Os blockchains em que nos concentramos atualmente usam o protocolo de consenso de *prova de trabalho* [em inglês, "proof of work", PoW], que depende de uma loteria que requer alto poder computacional e consome muita energia para determinar qual bloco deverá ser adicionado. Os participantes concordam que a maior cadeia de blocos é a verdadeira. Se os invasores quiserem fazer uma cadeia mais longa que contenha transações maliciosas, eles devem superar todo o trabalho computacional do restante da rede. Em teoria, precisariam da maior parte do poder de computação da rede (taxa de hash) para conseguir isso — portanto, o famoso ataque 51% é o limite de segurança do PoW. Felizmente, é incrivelmente difícil para qualquer participante, mesmo um país inteiro, acumular tanto poder de rede nos blockchains mais usados, como Bitcoin ou Ethereum. Mesmo que a maior parte do poder de processamento da rede pudesse ser adquirida temporariamente, a quantidade de histórico de blocos que pode ser substituída é limitada por quanto tempo essa maioria ainda pode ser mantida.

Contanto que nenhuma parte mal-intencionada possa adquirir o controle majoritário do poder computacional da rede, as transações serão processadas pelos participantes de boa-fé e anexadas ao livro-razão quando um bloco for "ganho."

O foco aqui é a prova de trabalho, mas existem muitos mecanismos de consenso alternativo, sendo o mais importante deles a *prova de participação* [em inglês, "proof of stake", PoS]. Os validadores em PoS comprometem algum capital (a participação) para atestar que o bloco é válido e se disponibilizam comprometendo suas criptomoedas. Então, eles podem ser selecionados para propor um bloco, que precisa ser atestado por muitos outros validadores. Os validadores lucram tanto ao propor um bloco quanto ao atestar a validade dos blocos propostos por outros. PoS é muito menos computacionalmente intensivo e requer muito menos energia.

CRIPTOMOEDAS

A aplicação mais popular da tecnologia blockchain é a criptomoeda, um token (geralmente escasso) que é protegido e transferido de forma criptográfica. A escassez é o que garante a possibilidade de valor e é, em si, uma inovação do blockchain. Tipicamente, objetos digitais são facilmente copiados. Como disse Eric Schmidt, ex-CEO do Google,[1] "[Bitcoin] é uma conquista criptográfica notável, e a capacidade de criar algo que não é duplicável no mundo digital tem um valor enorme". Ninguém pode realizar uma transação sem ter a propriedade da conta devido à *criptografia de chave assimétrica* que protege as contas. Você tem uma chave "pública", que representa um endereço para receber tokens, e uma "privada", usada para desbloquear e gastar tokens sobre os quais você tem custódia. Esse mesmo tipo de criptografia é usado para proteger as informações e dados de seu cartão de crédito, quando você usa a internet. Uma única conta não pode "gastar duas vezes" seus tokens porque o livro-razão mantém uma auditoria do saldo a todo momento e a transação com defeito não seria compensada. A capacidade de evitar um gasto duplo sem uma autoridade central ilustra a principal vantagem de usar um blockchain para manter o livro-razão subjacente.

O modelo inicial de criptomoeda é o blockchain Bitcoin, que funciona quase exclusivamente como uma rede de pagamento, com capacidade de armazenar e transacionar bitcoins em todo o mundo em tempo real, sem intermediários ou censura. Essa é uma poderosa proposta de diferenciação, que dá ao bitcoin o seu valor. Embora seus efeitos de rede sejam fortes, alguns concorrentes no espaço de criptomoedas oferecem funcionalidades aprimoradas.

A PLATAFORMA DE CONTRATOS INTELIGENTES

Um ingrediente crucial do DeFi é a plataforma de *contratos inteligentes*, que vai além de uma simples rede de pagamentos como o Bitcoin e aumenta as capacidades da cadeia. A Ethereum é o principal exemplo. Um contrato inteligente é um código que pode criar e transformar dados arbitrários ou tokens criados no blockchain ao qual pertence. De uma forma poderosa, permite que o usuário possa codificar regras de maneira confiável para qualquer tipo de transação e até mesmo criar ativos escassos com funcionalidade especializada. Muitas das cláusulas dos acordos de negócios tradicionais podem ser alteradas para um contrato inteligente, que não apenas enumeraria, mas também garantiria algoritmicamente a execução dessas cláusulas. Os contratos inteligentes vão além das finanças, incluindo jogos, administração de dados e cadeia de suprimentos.

A Ethereum cobra uma *taxa de gás* para cada transação — semelhante a dirigir um carro que consome certa quantidade de combustível, o que custa dinheiro. Imagine a Ethereum como um computador gigante, com várias funcionalidades (ou seja, contratos inteligentes). Se as pessoas querem usar o computador, precisam pagar por cada unidade de computação. Uma operação simples como o envio de ether (ETH) requer um trabalho mínimo para atualizar alguns saldos de contas e, portanto, tem uma taxa de gás relativamente pequena. Uma operação complexa envolvendo cunhagem de tokens e verificação de várias condições em muitos contratos requer mais gás e, portanto, terá uma taxa mais alta. A taxa de gás, no entanto, pode levar a uma má experiência de usuário. Isso força os agentes a manterem um saldo de ETH para pagá-la e leva à preocupação com pagamentos excessivos, insuficientes ou à transação não ocorrer. Portanto, estão em andamento iniciativas para eliminar as taxas de gás dos usuários finais. Existem também redes concorrentes, que removem completamente o conceito de gás.

No entanto, o gás é um mecanismo primário para evitar ataques ao sistema, que geram um *loop infinito* de código. Não é viável identificar um código malicioso desse tipo antes de executá-lo, um problema formalmente conhecido em ciência da computação como *problema de parada*. Imagine que um carro esteja no piloto automático, pisando fundo e sem motorista. O combustível age como um fator limitante: em determinado momento, o carro parará quando o tanque de combustível ficar vazio. Da mesma forma, as taxas de gás garantem a segurança do blockchain Ethereum, tornando esses ataques de custo proibitivo. Elas incentivam a criação de códigos de contratos inteligentes eficientes, pois contratos que usam menos recursos e reduzem a probabilidade de falhas do usuário têm uma chance muito maior de serem usados e terem sucesso no mercado.

Em uma plataforma de contrato inteligente, as possibilidades se expandem rapidamente além da capacidade dos desenvolvedores que desejam integrar várias aplicações. Isso leva à adoção de interfaces padrão para diferentes tipos de funcionalidade. Na Ethereum, esses padrões são chamados de *Solicitação de Comentários Ethereum* [em inglês, "Ethereum Request for Comments", ERC). Os mais conhecidos deles definem diferentes tipos de tokens que têm comportamento semelhante. O ERC-20 é o padrão para tokens fungíveis e define a interface para tokens que sejam idênticos em utilidade e funcionalidade.[2] Isso inclui comportamentos como transferir unidades e aprovar operadores para usarem uma determinada parte do saldo de um usuário. Outro é o ERC-721, o padrão de tokens não fungíveis, que são únicos e frequentemente usados para colecionáveis ou ativos, como empréstimos peer-to-peer. O benefício desses padrões é que os desenvolvedores de aplicativos podem codificar uma interface e oferecer suporte a todos os tokens possíveis que implementam essa interface. Discutiremos essas interfaces mais detalhadamente adiante.

ORACLES

Um problema interessante com protocolos blockchain é que eles são isolados do mundo fora de seu registro. Ou seja, o blockchain Ethereum sabe com autoridade o que está acontecendo apenas no blockchain Ethereum, e não, por exemplo, no nível do índice da S&P 500 ou que equipe venceu o Super Bowl. Essa limitação restringe os aplicativos a contratos e tokens nativos do Ethereum, reduzindo, assim, a utilidade da plataforma de contrato inteligente; é geralmente conhecido como o *problema oracle*. No contexto das plataformas de contratos inteligentes, um oracle é qualquer fonte de dados para relatar informações externas ao blockchain. Como podemos criar um oracle que possa falar com autoridade sobre informações fora da cadeia de uma maneira que não requeira confiança? Muitos aplicativos exigem um oracle e as implementações exibem vários graus de centralização.

Há várias implementações para oracles em muitos aplicativos DeFi. Uma abordagem comum é um aplicativo hospedar seu próprio oracle ou conectar-se a um oracle existente a partir de uma plataforma confiável. Uma plataforma baseada em Ethereum, conhecida como Chainlink,[3] é projetada para resolver problemas de oracle usando um agrupamento de fontes de dados. O white paper do Chainlink[4] propõe um sistema baseado em reputação. Discutiremos o problema do oracle mais à frente e mais profundamente. Oracles são certamente uma questão em aberto e um desafio para o DeFi alcançar utilidade além de sua própria cadeia isolada.

STABLECOINS

Uma deficiência crítica de muitas criptomoedas é a volatilidade excessiva. Isso traz atrito aos usuários que desejam aproveitar os aplicativos DeFi, mas não têm a tolerância ao risco de um ativo volátil como ETH. Para resolver isso, surgiu uma classe inteira de criptomoedas, chamada stablecoins. Destinadas a manter a paridade de preços com algum ativo alvo, como USD ou ouro, as stablecoins fornecem a consistência necessária que os investidores procuram para participar de muitos aplicativos DeFi e permitir que uma solução nativa de criptomoeda saia de posições em ativos criptográficos mais voláteis. Podem até ser usadas para fornecer exposição na cadeia para os retornos de um ativo fora da cadeia, se ele não for nativo ao blockchain subjacente (por exemplo, ouro, ações, fundos negociados em bolsa [ETFs]). O mecanismo pelo qual a stablecoin mantém sua paridade cambial varia de acordo com a implementação. Os três mecanismos primários são stablecoins com garantia fiduciária, com garantia cripto e sem garantia.

A maior classe, de longe, é a de stablecoins com garantia fiduciária. Essas são apoiadas por uma reserva fora da cadeia do ativo alvo. Geralmente, são custodiadas por uma entidade externa ou grupo de entidades que passam por auditorias de rotina para verificar a existência de garantia. A maior stablecoin com garantia fiduciária é a Tether[5] (USDT), com capitalização de mercado de US$62 bilhões, tornando-a a terceira maior criptomoeda, atrás da Bitcoin e da Ethcrcum, quando este livro foi escrito. A Tether também tem o mais alto volume de negociações de todas as criptomoedas, mas não é auditada.[6] A segunda maior é a USDC,[7] e suas posições USD são auditadas regularmente. A USDC é resgatável 1:1 para com o USD, e vice-versa, sem taxa na plataforma de negociação da Coinbase. A USDT e a USDC são muito populares para se integrarem em protocolos DeFi, pois a demanda por oportunidades de investimentos em stablecoin é alta. Contudo, há risco inerente nesses tokens, uma vez que são controlados diretamente e contas podem ser colocadas em uma lista negra.[8]

A segunda maior classe de stablecoins são com criptogarantia, o que significa que são apoiadas por uma quantidade supergarantida de outra criptomoeda. Seu valor pode ser forte ou levemente atrelado ao ativo subjacente, dependendo do mecanismo. Com capitalização de mercado de US$5 bilhões no momento da escrita deste livro, a stablecoin com criptogarantia mais popular é a

DAI, criada por MakerDAO[9] e apoiada por ETH e outros ativos criptográficos. Está levemente atrelada a mecanismos econômicos, que incentivam a oferta e a demanda a estabilizar o preço a US$1. Nos aprofundaremos mais em MakerDAO e DAI no Capítulo 6. Outra stablecoin com criptogarantia popular é a sUSD, que é fortemente atrelada a US$1 por meio da funcionalidade de negociação de token de rede Synthetix[10] (SNX). Stablecoins com criptogarantia têm a vantagem da descentralização e da garantia adicional. A desvantagem é que sua escalabilidade é limitada. Para cunhar mais da stablecoin, um usuário deve necessariamente apoiar a emissão por uma posição de dívida supergarantida. Em alguns casos como DAI, um teto de dívida limita ainda mais o crescimento da oferta.

A última e talvez mais interessante classe de stablecoins é sem garantia. Não é atrelada a nenhum ativo subjacente e, usando expansão algorítmica e restrição de oferta para mudar o preço para o alvo, elas geralmente empregam um modelo de senhoriagem em que os detentores de token na plataforma recebem o aumento na oferta quando a demanda aumenta. Quando a demanda diminui e o preço cai abaixo dos alvos, essas plataformas emitem títulos de alguma forma, que dão direito ao titular a uma oferta expansiva futura antes que os titulares de token recebam sua parte. Esse mecanismo funciona de forma quase idêntica à do banco central associado às moedas fiduciárias, com a ressalva de que essas plataformas têm um objetivo explícito de atrelar o preço, em vez de financiar gastos do governo ou outros objetivos econômicos. Um exemplo notável de uma stablecoin algorítmica é a Basis,[11] que teve que fechar devido a obstáculos regulatórios. Alguns exemplos de stablecoins algorítmicas são a Ampleforth (AMPL)[12] e a Empty Set Dollar (ESD).[13] A desvantagem das stablecoins sem garantia é que elas têm falta de valor subjacente inerente apoiando a negociação de seu token. Em contrações, isso pode levar a uma "corrida aos bancos", em que muitos detentores ficam com grandes somas de tokens que não valem mais o preço alvo.

Ainda há muito trabalho a ser feito — e barreiras regulatórias para superar — na criação de uma stablecoin descentralizada que possa tanto escalar com eficiência quanto resistir ao colapso em contrações.[14] Stablecoins são um componente importante na infraestrutura DeFi porque permitem aos usuários se beneficiar da funcionalidade dos aplicativos sem o risco desnecessário da volatilidade dos preços.

APLICATIVOS DESCENTRALIZADOS

Como informado anteriormente, dApps são um componente crítico do DeFi. Eles são como aplicativos de software tradicionais, exceto que se encontram em uma plataforma de contrato intelligente descentralizada. O principal benefício desses aplicativos é sua falta de *permissão* e *resistência à censura*. Qualquer um pode usá-los, e nenhum órgão único os controla. Um conceito separado, porém relacionado, é o de *organização autônoma descentralizada* [em inglês, "decentralized autonomous organization", DAO), que tem suas regras de operação codificadas em contratos inteligentes, as quais determinam quem pode executar qual comportamento ou atualização. É comum que uma DAO tenha algum tipo de *token de governança,* que dá ao proprietário uma porcentagem da votação em resultados futuros. Exploraremos a governança com muito mais detalhes posteriormente.

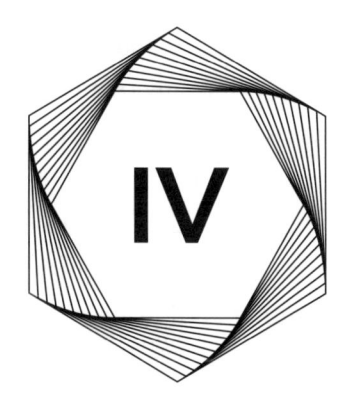

FUNDAMENTOS DO DEFI

Agora que a infraestrutura DeFi foi discutida em detalhes, este capítulo descreve as ações financeiras fundamentais que os desenvolvedores podem usar e combinar para criar dApps complexos e as vantagens que cada ação pode ter sobre suas contrapartes centralizadas.

TRANSAÇÕES

As transações da Ethereum são os átomos do DeFi (e da Ethereum como um todo). Elas envolvem enviar dados, ou ETH (ou outros tokens), de um endereço para o outro. Todas as interações Ethereum, incluindo cada uma das fundamentais discutidas nesta seção, começam com uma transação. Portanto, como as transações funcionam é parte integrante da compreensão da Ethereum em particular e do DeFi em geral.

Na Ethereum, há dois tipos de endereços: a *conta de propriedade externa* [em inglês, "externally owned account", EOA] e um endereço de uma *conta de contrato* [em inglês, "contract account"]. As transações enviadas para uma EOA só podem transferir ETH. Em Bitcoins, todos os endereços são EOA. Na Ethereum, quando um dado é enviado para uma conta de contrato, os dados são usados para executar o código nesse contrato. A transação pode ou não ter um pagamento de ETH por uso pelo contrato.

Uma transação simples começa com um usuário final de uma EOA, mas pode interagir com vários dApps (ou qualquer contrato inteligente Ethereum) antes de se completar. A transação começa interagindo com um contrato simples, que enumerará todas as etapas intermediárias da transação exigidas no corpo contratual.

As cláusulas em um contrato inteligente podem fazer com que uma transação falhe e, assim, reverter todas as etapas anteriores da transação; como resultado disso, as transações são *atômicas*. A atomicidade é uma característica crítica das transações porque os fundos podem se mover entre muitos contratos (ou seja, trocar de mãos) com o conhecimento e a segurança de que, se uma das condições não for atendida, os termos do contrato serão redefinidos como se o dinheiro nunca tivesse saído de seu ponto de partida.

Lembre-se de que as transações têm uma taxa de gás, que varia com base na complexidade da transação. Quando, por exemplo, a ETH é usada para compensar um minerador por incluir e executar uma transação, a taxa de gás é relativamente baixa. Transações maiores ou com mais dados intensivos consomem mais gás. Se uma transação se reverte por qualquer razão ou fica sem gás, o remetente perde todo o gás usado até aquele ponto. A perda protege os mineradores, que, sem essa disposição, poderiam ser vítimas de grandes volumes de transações fracassadas pelas quais não receberiam pagamento.

O preço do gás é determinado pelo mercado e, efetivamente, cria um leilão pela inclusão no próximo bloco de Ethereum. Taxas de gás maiores sinalizam uma demanda maior e, portanto, geralmente recebem maior prioridade para inclusão.

Um aparte técnico sobre as transações é que elas são postadas em um *pool de memória* [em inglês, "memory pool"], ou *mempool*, antes de serem adicionadas a um bloco. Os mineradores monitoram essas transações postadas, as adicionam a seu próprio mempool e compartilham a transação com outros mineradores para que sejam incluídas no próximo bloco disponível. Se o preço do gás oferecido pela transação não é competitivo em comparação com outras transações no mempool, a transação é adiada para um bloco futuro.

Qualquer participante pode ver transações no mempool executando ou comunicando-se com nós de mineração. A visibilidade pode, inclusive, permitir o front-running avançado e outras técnicas competitivas que ajudam o minerador a lucrar com a atividade comercial. Em contraste com mercados tradicionalmente centralizados, esse front-running é legal, dado que todas as informações são públicas. Se os mineradores veem a transação no mempool, eles podem lucrar a partir dela, executando-a ou fazendo o front-running, e isso é incentivado, se forem sortudos o suficiente para ganharem o bloco. Qualquer ocorrência de execução direta é conhecida como *valor extraível do minerador* [em inglês, "miner extractable value", MEV], que é uma desvantagem para o modelo de prova de trabalho. Certas estratégias, como ofuscar transações, podem mitigar o MEV, escondendo dos mineradores como eles podem lucrar com as transações.

TOKENS FUNGÍVEIS

Tokens fungíveis são a base da proposta de valor da Ethereum e do DeFi. Qualquer desenvolvedor da Ethereum pode criar um token divisível para uma certa granularidade decimal e com unidades que são idênticas e intercambiáveis. Exemplificando, o USD é um ativo fungível, porque uma nota de US$100 equivale a 100 notas de US$1. Como mencionamos no Capítulo 3, a interface de token do blockchain Ethereum é a ERC-20.[2] Uma interface da perspectiva de um desenvolvedor de aplicativos é o conjunto mínimo necessário de funcionalidades. Quando um token implementa uma interface ERC-20, qualquer aplicativo que lide genericamente com a funcionalidade definida pode se integrar instantânea e perfeitamente ao token. Ao usar a ERC-20 e interfaces similares, os desenvolvedores de aplicativos podem oferecer suporte com confiança a tokens que ainda não existem.

A interface ERC-20 define a seguinte funcionalidade principal:

- totalSupply() — lê o fornecimento total do token.
- balanceOf(conta) — lê o saldo do token de uma conta em particular.
- transfer(endereço do destinatário, valor) — envia o "valor" dos tokens do remetente da transação para o "endereço do destinatário".

- transferFrom(endereço do remetente, endereço do destinatário, valor) — envia o "valor" dos tokens de um saldo de tokens mantido no "endereço do remetente" para o "endereço do destinatário".

- approve(gastador, valor) — permite ao "gastador" gastar o "valor" de tokens em nome do titular da conta.

- allowance(endereço do proprietário, endereço do gastador) — retorna o número de tokens que o "endereço do gastador" pode gastar em nome do "endereço do proprietário".

O contrato rejeitará as transferências envolvendo saldos insuficientes ou gastos não autorizados. As quatro primeiras funções — ler o fornecimento, saldo e enviar tokens — são intuitivas e esperadas. As duas últimas — aprovar e permitir — são essenciais para entender o poder da interface ERC20. Sem essas funções, os usuários estariam limitados a transferir tokens diretamente de e para contas. Com funcionalidade de aprovação, os contratos (ou contas confiáveis) podem ser incluídos na lista de permissões para atuar como guardiões dos tokens de um usuário sem manter diretamente o saldo do token. Isso amplia o escopo de aplicações possíveis porque os usuários mantêm a custódia total antes que um gastador aprovado execute uma transação.

Existem três categorias principais de tokens ERC-20, mas os tokens podem estar em mais de uma ao mesmo tempo.

Token de Patrimônio

Um token de patrimônio — não confundir com patrimônio ou ações no sentido financeiro tradicional — representa a propriedade de um ativo subjacente ou um conjunto de ativos. As unidades devem ser fungíveis, para que cada uma corresponda a uma parte idêntica no conjunto. Por exemplo, imagine que um token TKN tem um suprimento total fixo de 10 mil e corresponda a um conjunto ETH de 100 ETH mantidos em um contrato inteligente. O contrato inteligente estipula que, para cada unidade de TKN que recebe, ele retornará um valor pró-rata de ETH, fixando a taxa de câmbio em 100 TKN/1 ETH. Podemos estender esse exemplo para que o conjunto tenha uma quantidade variável de ETH. Imagine que o ETH no conjunto aumente 5% ao ano por algum outro mecanismo. Agora, 100 TKN representariam 1 ETH mais 5% de fluxo de caixa perpétuo de ETH. O mercado pode usar essa informação para determinar o preço do valor do TKN de forma precisa.

Em tokens de investimentos propriamente ditos, os conjuntos de ativos podem conter mecanismos muito mais complexos, indo além do conjunto estático ou das taxas de crescimento fixas. As possibilidades são limitadas somente pelo que pode ser codificado em um contrato inteligente. O Capítulo 6 examina um contrato com mecanismos de taxa de juro variáveis (tokens compostos) e um contrato que tem um conjunto multiativo com uma estrutura de taxa complexa (Uniswap) e também explica o Set Protocol, que define uma interface padrão para criar tokens de patrimônio com propriedades estáticas ou dinâmicas.

Tokens de Utilidades

Tokens de utilidade fazem parte de uma classe muito ampla, embora tenham uma definição clara: tokens fungíveis necessários para usar alguma funcionalidade de um sistema de contratos inteligentes ou com uma proposta de valor intrínseca definida por seu respectivo sistema de contratos inteligentes. Em muitos casos, os tokens de utilidades conduzem a economia de um sistema, criando escassez ou incentivos onde pretendido pelos desenvolvedores. Em alguns casos, a ETH pode ser usada em seu lugar, mas os tokens de utilidades permitem que os sistemas acumulem e mantenham o valor econômico dissociado da Ethereum como um todo. Por exemplo, um sistema com oferta algorítmica variada exigiria um token de utilidade distinto. A mecânica será mais bem discutida ainda neste capítulo.

Os tokens de utilidade podem ser usados como garantia (por exemplo, SNX), como substitutos para reputação ou participação (por exemplo, REP, LINK), para manter um valor fixo em relação ao subjacente ou fixado (por exemplo, DAI, Synthetix Synth) e para pagar taxas específicas do aplicativo (por exemplo, ZRX, DAI, LINK). Este último inclui todas as stablecoins, independentemente de estas serem fiduciárias, criptogarantidas ou algorítmicas. No caso da USDC, uma stablecoin com garantia fiduciária, o token de utilidade opera em seu próprio sistema sem uma infraestrutura adicional de contrato inteligente para apoiar seu valor. O valor da USDC decorre da promessa de que pode ser trocado por USD dada pelas empresas que o mantêm, incluindo a Coinbase.

Existem muito mais possibilidades para tokens de utilidades do que as poucas que mencionamos aqui. A inovação expandirá essa categoria à medida que novos mecanismos econômicos e técnicos surgirem.

Tokens de Governança

Tokens de governança e patrimônio representam a propriedade percentual: o *patrimônio* diz respeito à parcela de ativos, e a governança, ao direito de voto. Vamos começar motivando os tipos de mudanças nas quais os proprietários podem votar.

Muitos contratos inteligentes têm cláusulas embutidas estipulando como o sistema pode mudar; por exemplo, as alterações permitidas podem incluir o ajuste de parâmetros, adicionando novos componentes ou mesmo alterando a funcionalidade daqueles já existentes. A capacidade de mudança do sistema é uma proposta poderosa, dada a possibilidade de que o contrato com o qual um usuário interage hoje pode mudar amanhã. Em alguns casos, somente desenvolvedores com acesso administrativo, que codificam privilégios especiais para si, podem controlar as alterações na plataforma.

Qualquer plataforma com a funcionalidade controlada por administrador não é verdadeiramente um DeFi, por causa do controle centralizado do administrador. Um contrato sem a capacidade de mudança é necessariamente rígido, no entanto, e não tem como se adaptar a bugs no código ou mudanças nas condições econômicas e técnicas. Por essa razão, muitas plataformas buscam um processo de atualização descentralizado, muitas vezes mediado por um token de governança.

Os proprietários de um token de governança devem ter direitos de voto pró-rata para implementarem qualquer mudança permitida pelos contratos inteligentes que regem a plataforma. Os mecanismos de voto e as *organizações autônomas descentralizadas* serão vistos no Capítulo 5.

Um token de governança pode ser implementado de várias formas: com uma oferta estática, inflacionária ou mesmo deflacionária. Uma oferta estática é simples: os tokens comprados corresponderiam a um certo controle percentual do voto. A implementação atual do token MKR para MakerDAO geralmente tem uma oferta estática. O Capítulo 6 aprofunda o MakerDAO e sua implementação.

Muitas plataformas emitem o token de governança por meio de um cronograma de inflação que incentiva as pessoas a usarem recursos específicos da plataforma, garantindo que o token de governança seja distribuído diretamente para elas. O Compound, por exemplo, adota uma abordagem de implementação inflacionária com seu token COMP (ver Capítulo 6). Uma abordagem deflacionária provavelmente consistiria em usar o token de governança também como um token de utilidades para pagar taxas à plataforma, que seria queimado ou removido do fornecimento, em vez de ir para uma entidade específica. O token MKR do MakerDAO costumava ser queimado dessa maneira em uma versão mais antiga da plataforma.

TOKENS NÃO FUNGÍVEIS

Como o próprio nome sugere, as unidades de um token não fungível [em inglês, "non-fungible token", NFT] não são iguais às de nenhum outro token.

NFT Padrão

Em Ethereum, o padrão ERC-721[3] define a não fungibilidade. É como o ERC-20, exceto que, em vez de todas as IDs serem armazenadas como um saldo único, cada unidade tem sua própria ID exclusiva, que pode ser vinculada a metadados adicionais, os quais a diferenciam dos outros tokens decorrentes do mesmo contrato. Sob o método balanceOf(endereço), o número total de NFTs no contrato fornecido que o endereço possui é retornado. Um método adicional, ownerOf(id), retorna o endereço do proprietário de um token específico, referenciado por sua ID. Outra diferença importante é que o ERC-20 permite a aprovação parcial dos saldos do token de um operador, enquanto o ERC-721 usa uma abordagem de tudo ou nada. Um operador aprovado para usar os NFTs pode mover qualquer um deles.

Os NFTs têm aplicações interessantes no DeFi. Seu nome alternativo, *deeds*, implica seu caso de uso como representando a propriedade exclusiva de ativos unitários; um exemplo poderia ser a propriedade de um determinado empréstimo entre pessoas (P2P) com suas próprias taxas e termos. O ativo pode, então, ser transferido e vendido via interface do ERC-721. Outro caso de uso pode ser representar uma participação em uma loteria, na qual os bilhetes podem ser considerados não fungíveis porque apenas um ou um número limitado ganhará e o restante não terá valor. Os NFTs também têm um caso de uso forte em sua capacidade de unir casos de uso financeiros por meio de *colecionáveis* (por exemplo, um token pode representar propriedade de uma peça de arte, um vídeo, uma música ou mesmo um tuíte). Os NFTs também podem representar itens escassos em um ambiente de jogo ou outra rede e reter valor econômico em mercados secundários de NFTs.

Multitoken Padrão

Os tokens ERC-20 e ERC-721 exigem um contrato indivi-
dual e um endereço implantado no blockchain, o que pode
ser complicado para sistemas com muitos tokens intimamente
relacionados — possivelmente até uma mistura de fungíveis e
não fungíveis. O padrão ERC-1155[4] resolve essa complexidade
ao definir um modelo multitoken, no qual o contrato mantém saldos por um número variável, incluindo fungíveis e não
fungíveis. O padrão também permite a leitura e transferências
em lote, o que economiza os custos com gás e leva a uma experiência de usuário mais suave. Sob o ERC-1155, assim como
no ERC-721, os operadores são aprovados para todos os tokens
suportados de forma binária, de todos ou nenhum.

CUSTÓDIA

Um fundamento crítico de DeFi é a capacidade de depositar ou
custodiar os fundos diretamente em um contrato inteligente.
Isso é diferente do que ocorre no ERC-20, em que os operadores
são aprovados para transferir o saldo de um usuário. Nesse caso,
o usuário ainda retém a custódia de seus fundos e pode transferir
o saldo a qualquer momento ou revogar a aprovação do contrato. Quando um contrato inteligente tem custódia total sobre
os fundos, ele apresenta a possibilidade de novas capacidades (e
fundamentos adicionais), incluindo:

- Retenção de taxas e desembolso de incentivos.
- Facilitação de trocas de tokens.
- Formação de mercado de uma curva de títulos.
- Empréstimos com garantias.

- Leilões.
- Fundos de seguro.

Para custodiar tokens de maneira eficaz, um contrato deve estar programado para lidar com a interface do tipo correspondente, que deve ser um ERC-20 para fungíveis e um ERC-721 para não fungíveis. O contrato deve lidar genericamente com todos os tokens daquela interface ou apenas com um subconjunto específico. Quando um token é enviado para um contrato, ele pode se tornar permanentemente custodiado se o contrato não tiver um mecanismo codificado para liberar o saldo. Para mitigar esse potencial problema, verificações de segurança geralmente são incorporadas à transferência de tokens para verificar se o contrato está programado para lidar com aquele tipo de token.

AJUSTE DE FORNECIMENTO

O ajuste de fornecimento se aplica especificamente a tokens fungíveis e à capacidade de criar e reduzir (*queimar*) o fornecimento via contrato inteligente. Exploraremos esses fundamentos básicos em conjunto com um sistema mais complexo, conhecido como *curva de ligação* [em inglês, "bonding curve"].

Queimar: Reduzir o Fornecimento

Queimar um token significa removê-lo de circulação e pode ser feito de duas formas: (1) enviá-lo manualmente para um endereço Ethereum sem proprietário; ou (2), de modo mais eficiente, criar um contrato que seja incapaz de gastá-lo. Qualquer uma das abordagens inutiliza os tokens queimados, embora a diminuição na oferta circulante não seja "percebida" pelo contrato de token. Queimar é o mesmo que a destruição ou perda irreversível de uma moeda nas finanças tradicionais (ou seja, onde o papel-moeda desgastado é queimado e substituído por moeda recém-impressa). Na prática, os tokens de ETH ou ERC-20 têm sido queimados frequente e acidentalmente, usando as duas formas; endereços checksum[5] e registro de contratos[6] estão em vigor para evitar que isso aconteça.

A capacidade de queimar tokens intencionalmente como parte do design do contrato inteligente é muito mais comum e útil. Aqui estão alguns exemplos de casos de uso para queimar tokens algoritmicamente:

- Representar a saída de um pool e resgate de garantia (comum em tokens de patrimônio como cTokens para Compound, que serão discutidos no Capítulo 6).
- Aumentar a escassez para aumentar um preço (por exemplo, AAVE, no Capítulo 6, modelos de Seigniorage Stablecoin como Basis/ESD).
- Punição por má conduta.

Cunhagem: Aumentar o Fornecimento

O outro lado da queima é a *cunhagem* [em inglês, "minting"], que aumenta o número de tokens em circulação. Ao contrário da queima, não há mecanismo para cunhar tokens de forma manual ou mesmo acidental. Qualquer mecanismo de cunhagem deve ser codificado diretamente no mecanismo de contrato inteligente. Há muitos casos de uso para cunhagem, pois podem incentivar uma gama mais ampla de comportamento do usuário. Aqui estão alguns exemplos:

- Representar a entrada em um grupo e adquirir uma taxa correspondente de propriedade (comum em tokens de patrimônio como cTokens para Compound).
- Diminuir a escassez (aumentar a oferta) para baixar o preço (modelos de Seigniorage de Stablecoin, como Basis/ESD).
- Recompensar o comportamento do usuário.

Recompensar o comportamento do usuário com aumentos na oferta (*recompensas inflacionárias*) se tornou prática comum para encorajar ações como o fornecimento de liquidez ou o uso de uma determinada plataforma. Consequentemente, muitos usuários se envolvem em uma *yield farming*, tomando ações para buscar as maiores recompensas possíveis. As plataformas podem inicializar suas redes emitindo um token com uma proposta de valor adicional na rede. Os usuários podem manter o token e implantá-lo no contexto da rede, ou vendê-lo com lucro. De qualquer forma, empregar tokens em uma plataforma geralmente aumenta a atividade.

Curva de Ligação: Oferta de Preços

Ajustar a oferta para cima ou para baixo contratualmente define a curva de ligação: a relação de preços entre a oferta de tokens e o ativo correspondente usado para comprá-los. Na maioria das implementações, os investidores vendem de volta para a curva usando a mesma relação de preço. Essa relação é definida como uma função matemática ou um algoritmo com várias cláusulas.

Para ilustrar, deixemos TKN denotar o preço de um token denominado em ETH (que poderia ser qualquer criptoativo fungível), com S representando a oferta. A curva de ligação mais simples possível seria TKN = 1 (ou qualquer constante). Essa relação — TKN representado como um valor constante ETH — reforça que o TKN está atrelado ao preço de ETH. A curva de ligação de próximo nível seria uma curva linear simples, onde m e b representam a inclinação e a interceptação, respectivamente, em uma função linear padrão, Preço (TKN) = $mS + b$. Se $m = 1$ e $b = 0$, o primeiro TKN custaria 1 ETH; o segundo, 2 ETH; e assim por diante. Uma curva de títulos monotonicamente crescente recompensa os primeiros investidores, porque qualquer demanda incremental além do preço de compra permitiria que eles vendessem de volta contra a curva a um preço mais alto (Figura 4.1).

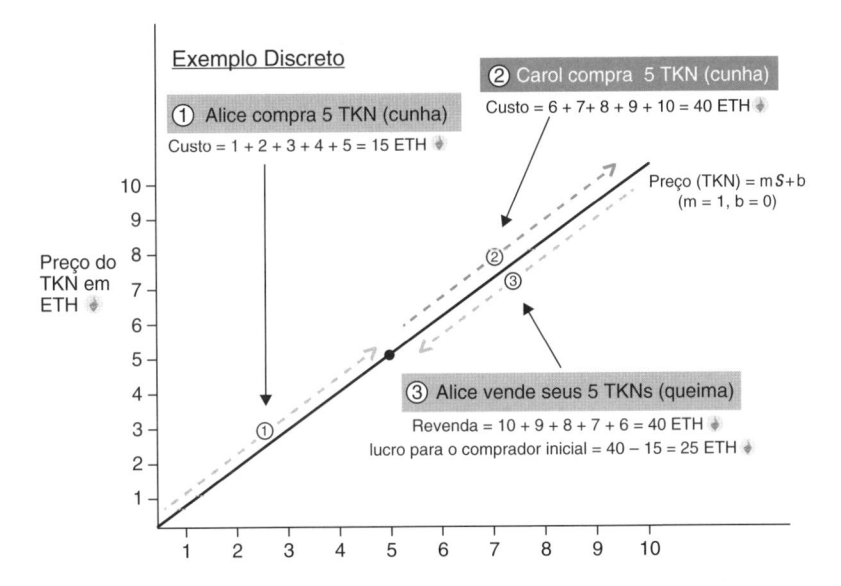

Figura 4.1 Curva de ligação linear

A mecânica de uma curva de ligação é relativamente simples. A curva pode ser representada por um único contrato inteligente, com opções de compra e venda para o token subjacente. O token a ser vendido pode ter uma oferta limitada com a curva de ligação como um emissor de token autorizado ou uma oferta máxima predeterminada que é garantida no contrato da curva de ligação. À medida que os usuários compram o token, a curva de ligação armazena os fundos para o caso de, no futuro, eles quererem vender contra a curva.

A taxa de crescimento da curva de ligação é importante para determinar o desempenho do usuário. Uma taxa de crescimento linear recompensaria de forma generosa se o token crescesse para um fornecimento suficientemente grande. Um retorno ainda mais extenso poderia resultar de uma taxa de crescimento super-linear (Figura 4.2), como o $TKN = S^2$ O primeiro token custaria 1 ETH, e o centésimo, 10 mil ETH. Na prática, a maioria dos projetos usaria uma taxa de crescimento sublinear ou uma função logística (Figura 4.3) que converge para um preço limitado superior.

Uma curva de ligação pode ter preços diferentes para compradores e para vendedores (Figura 4.4). A curva de venda teria uma taxa de crescimento ou interceptação menor do que a de compra.

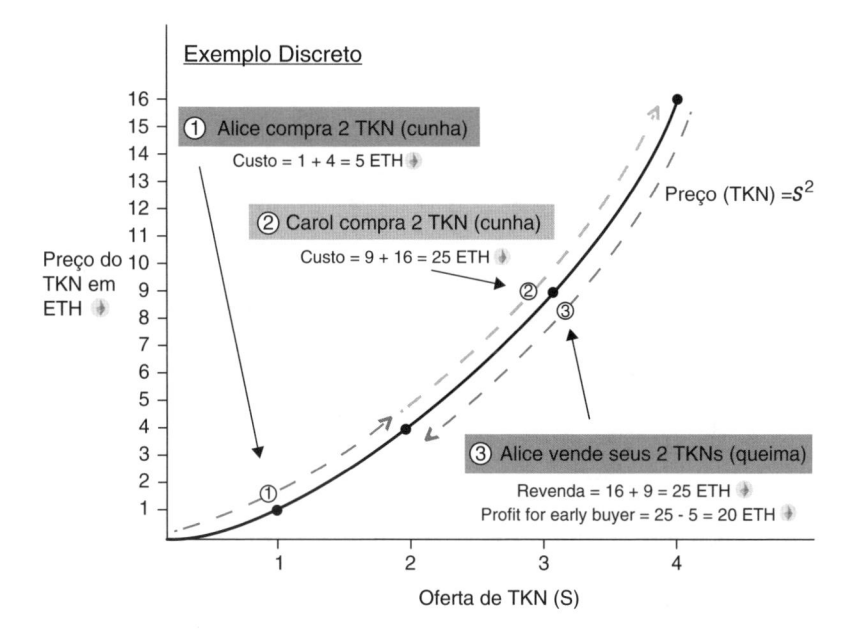

Figura 4.2 Curva de ligação superlinear

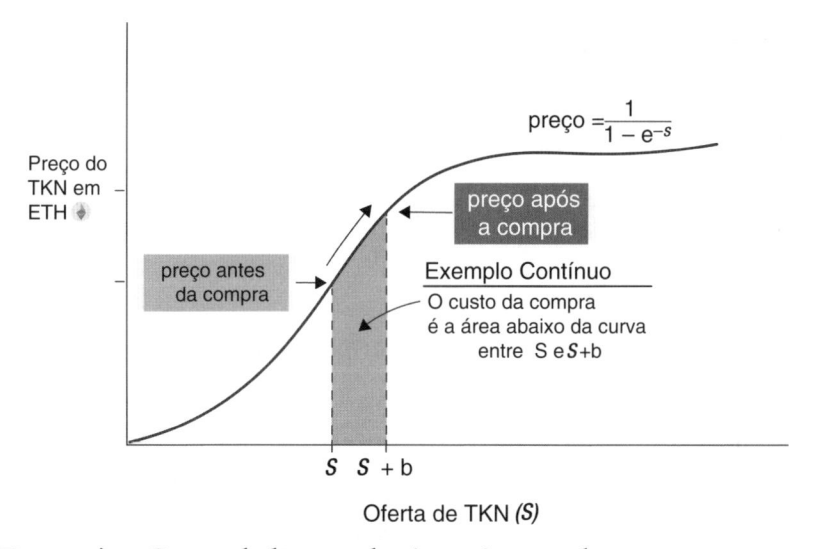

Figura 4.3 Curva de ligação logística/sigmoide

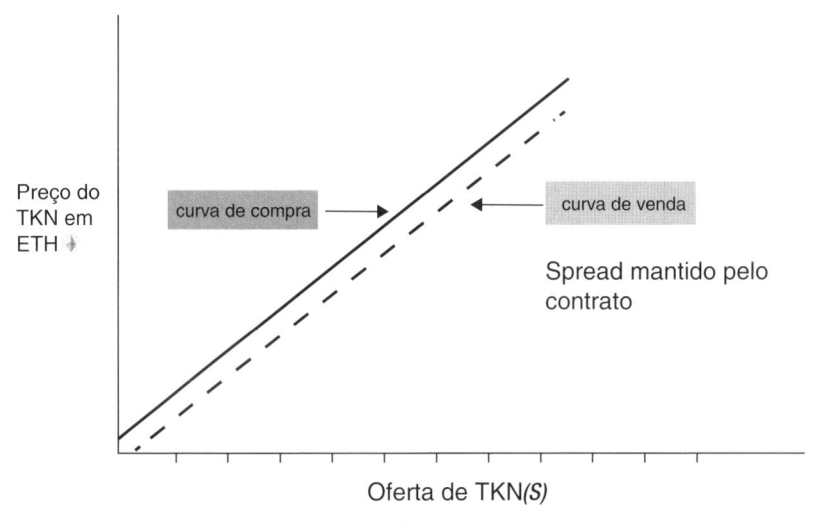

Figura 4.4 Diferentes curvas de ligação para compras e vendas

O spread entre as curvas seria o valor (neste caso, ETH) acumulado ao contrato inteligente e representaria uma taxa de uso ou seria usado para financiar funcionalidades mais complexas dentro do sistema. Desde que o contrato mantenha garantias suficientes para vender de volta toda a curva de venda, ele é capitalizado e capaz de atender a qualquer demanda de venda.

INCENTIVOS

Incentivos dentro de sistemas criptoeconômicos, incluindo o DeFi, são extremamente importantes para incentivar comportamentos desejados (incentivo positivo) e desencorajar os indesejados (incentivo negativo) dos usuários. O termo *incentivo* é bastante amplo, mas limitaremos nossa discussão a pagamentos ou taxas diretas de token. Veremos duas categorias diferentes de incentivos: (1) *incentivos de staking,* que se aplicam a um saldo de tokens custodiados em um contrato inteligente; e (2) *incentivos diretos,* que se aplicam a usuários dentro do sistema que não têm saldo custodiado.

Mecanismos no contrato determinam a origem de quaisquer fundos de recompensa, e o uso que será dado às taxas. Os fundos de recompensa podem ser emitidos por meio de inflação ou criação ou podem ser custodiados no contrato inteligente. Os fundos removidos como taxa podem ser queimados ou retidos na custódia do contrato inteligente. Os fundos de recompensa também podem ser emitidos como incentivo direto aos participantes da plataforma ou arrecadados por meio de um leilão para pagar uma dívida. Um mecanismo pode instigar uma queima para reduzir a oferta de um token específico para aumentar a pressão do preço.

Recompensa de Staking

Uma *recompensa de staking* é um incentivo positivo pelo qual os usuários recebem um bônus em seu saldo de token com base na quantidade de capital com que contribuíram para o sistema. As opções de personalização incluem a aplicação de um limite mínimo a todos os saldos comprometidos em uma base pró-rata, seja um pagamento fixo ou pró-rata, e um token igual ou diferente do comprometido.

O Compound Protocol (que será discutido no Capítulo 6) emite recompensas de staking em saldos de usuários que estão custodiados em uma posição de emprestar ou tomar emprestado. Essas recompensas são pagas em um token separado (COMP), financiado pelo COMP custodiado, que tem uma oferta fixa, e aplicado a todos os saldos comprometidos em uma base pró-rata. O Protocolo Synthetix emite recompensas de stanking no SNX comprometido, seu token de protocolo com oferta ilimitada. As recompensas são pagas em SNX, financiadas pela inflação e emitidas apenas se o usuário atingir um limite mínimo de taxa de garantia.

Slashing (Penalidade de Staking)

Slashing [cortar] é a remoção de uma parte do saldo comprometido de um usuário, criando, assim, um incentivo de comprometimento negativo, e ocorre como resultado de um evento indesejável. Uma *condição de slashing* é um mecanismo que aciona um slashing e pode ser personalizado por remoção parcial ou total de fundos, por uma liquidação desencadeada por subgarantia, por comportamento malicioso detectável do usuário e por contração necessária desencadeada por uma mudança nas condições de mercado.

Na próxima discussão sobre empréstimos com garantia, ilustraremos o mecanismo comum de slashing de *liquidação*, no qual potenciais agentes recebem um incentivo para descarregar garantias por leilão ou vendas diretas e quaisquer fundos restantes permanecem com o proprietário original. Um exemplo de slashing devido a mudanças de mercado não relacionadas à dívida é uma stablecoin algorítmica. Esse sistema pode reduzir diretamente o saldo de token de um usuário quando o preço depreciar para retornar o preço ponderado pela oferta para, digamos, US$1.

Recompensas Diretas e Keepers

Recompensas diretas são incentivos positivos que incluem pagamentos ou taxas associadas às ações do usuário. Como já mencionado, todas as interações Ethereum começam com uma transação, e todas as transações começam com uma conta de propriedade externa. Uma EOA (sigla para "externally owned account"), seja controlado por um usuário humano ou um bot offchain, é (importante) offchain, e, portanto, a resposta autônoma às condições de mercado é cara (custa gás) ou tecnicamente inviável. Como resultado, nenhuma transação acontece automaticamente em Ethereum sem ser propositalmente posta em movimento.

O exemplo clássico de uma transação que deve ser colocada em movimento é quando uma posição de dívida com garantia torna-se subgarantida. Esse caso de uso não aciona automaticamente uma liquidação; a EOA deve acioná-la e, geralmente, recebe um incentivo direto para tal. O contrato, então, avalia as condições e liquida ou atualiza, se tudo sair como o esperado.

Um *keeper* é uma classe de EOA que recebe como incentivo uma taxa fixa ou porcentagem para realizar uma ação em um protocolo DeFi ou outro dApp. Assim, o monitoramento autônomo pode ser terceirizado fora da cadeia, criando economias robustas e novas oportunidades de lucro. As recompensas de keeper também podem ser estruturadas como um leilão, para garantir competição e melhor preço. Os leilões de keeper são muito competitivos porque a informação disponível no sistema é quase inteiramente pública. Um efeito colateral das recompensas diretas para os keepers é que os preços do gás podem inflar devido à competição por essas recompensas. Ou seja, mais atividade do keeper gera uma demanda adicional por transações, o que, por sua vez, aumenta o preço do gás.

Taxas

As taxas são tipicamente um mecanismo de financiamento para os recursos do sistema ou plataforma. Elas podem ser fixas ou baseadas em porcentagem, dependendo do incentivo desejado. As taxas podem ser impostas como um incentivo negativo direto ou podem ser acumuladas em saldos comprometidos. As taxas acumuladas devem ter um saldo comprometido associado para garantir que o usuário as pague. Devido à natureza anônima e pseudônima das contas Ethereum — tudo o que se sabe de um usuário é o saldo de sua carteira e sua interação com contratos Ethereum —, a imposição de taxas é um desafio de design. Se o contrato inteligente é aberto para qualquer conta Ethereum, a única forma de garantir a execução é que todas as dívidas sejam garantidas por recursos que estejam na própria cadeia de forma transparente. Os desafios criados pelo anonimato tornam outros mecanismos, como a reputação, pouco confiáveis em comparação com os saldos dos usuários.

SWAP

Swap [troca] é simplesmente o câmbio de um tipo de token por outro. O principal benefício da troca no DeFi é que ela é atômica e não custodial. Os fundos podem ser custodiados em um contrato inteligente com direitos de retirada que podem ser exercidos a qualquer momento antes da conclusão da troca. A troca é executada somente quando suas condições são acordadas e atendidas por todas as partes e são aplicadas pelo contrato inteligente. Se qualquer condição não for atendida, a transação inteira é cancelada e as partes retêm seus fundos custodiados. Um tipo de plataforma que facilita a troca de tokens de forma não custodial na rede Ethereum são as *exchanges descentralizadas* [no inglês, "decentralized change", DEX]. Há dois mecanismos primários para a liquidação de DEX: uma abordagem de correspondência de pedidos e um *Formador de Mercado Automatizado* [no inglês, "Automated Market Maker", AMM].

Correspondência do Livro de Ofertas

Correspondência do Livro de Ofertas [em inglês, "order-book matching"] é um sistema em que todas as partes devem concordar com a taxa de câmbio da troca. Os formadores de mercado podem postar ofertas e pedidos para uma DEX e permitir que os compradores preencham as cotações no preço previamente acordado. Até que a oferta seja aceita, o formador de mercado mantém o direito de remover a oferta ou atualizar a taxa de câmbio conforme as condições do mercado mudarem.

A abordagem de correspondência de ofertas é cara e ineficiente, porque cada atualização requer uma transação na cadeia. Uma ineficiência insuperável com uma correspondência do livro de ofertas é que ambas as contrapartes devem estar dispostas e aptas a trocar na taxa acordada para que a negociação seja executada. Esse requisito cria limitações para muitas aplicações de contratos inteligentes em que a demanda por liquidez não pode depender da disponibilidade de uma contraparte. Uma alternativa inovadora é um AMM.

Formadores de Mercado Automatizados

Um AMM é um contrato inteligente que detém ativos em ambos os lados de uma negociação e continuamente dá preços de compra e venda. Com base nas compras e vendas executadas, o contrato atualiza a quantidade de ativos que será colocada em ordens de compra e venda e usa essa proporção para definir sua função de precificação. O contrato também pode levar em conta dados mais complexos do que o tamanho relativo do bid-ask [diferença — "spread" — entre as ofertas de preço para compra e venda] ao determinar o preço. Da perspectiva do contrato, o preço deve ter risco neutro, sendo indiferente comprar ou vender.

Um AMM simples pode definir uma relação de preço fixa entre dois ativos. Com um índice fixo de preços, quando o preço do mercado muda entre os ativos, o ativo mais valioso é drenado do AMM e arbitrado em outra bolsa onde a negociação está ocorrendo ao preço de mercado. O AMM deve ter uma função de precificação que convirja para o preço de mercado de um ativo. Ou seja, a função de precificação torna mais caro comprar o ativo do par de negociação à medida que a proporção do ativo em relação aos outros no contrato diminui.

Os principais benefícios de um AMM são que ele está sempre disponível e que não há necessidade da tradicional contraparte para executar um negócio. Essas disposições são muito importantes para contratos inteligentes e desenvolvimento do DeFi por causa da garantia de que um usuário pode trocar ativos a qualquer momento, se necessário. Os usuários mantêm a custódia de seus fundos até completarem o negócio, portanto, o risco de contraparte é zero. Um benefício adicional é a *liquidez componível*, o que significa que qualquer contrato de câmbio pode utilizar a liquidez e as taxas de câmbio de qualquer outro contrato daquele tipo. Os AMMs tornam isso fácil por causa de sua disponibilidade garantida e sua permissão de negociação unilateral contra o contrato. A liquidez componível se correlaciona muito confortavelmente com o conceito de DeFi Legos (que será discutido posteriormente).

Uma desvantagem de um AMM é a *perda impermanente*: a dinâmica de custos de oportunidade entre oferecer ativos para troca e manter os ativos subjacentes para potencialmente lucrar com o movimento de preços. A perda é impermanente porque pode ser recuperada se o preço voltar a seu nível original. Para ilustrar, imagine dois ativos, A e B, cada um valendo inicialmente 1 ETH, como na Figura 4.5. O contrato AMM mantém quantias idênticas de 100 para cada ativo e simplesmente oferece ambos a uma taxa de câmbio fixa de 1:1. Usamos ETH como unidade de conta para rastrear o retorno do contrato sobre suas participações e qualquer perda temporária. De acordo com os saldos e as taxas de câmbio do mercado, o contrato tem 200 ETH em custódia. Suponha que o preço do ativo B valorize para 4 ETH no mercado mais amplo e o preço de A valorize para 2 ETH. Os arbitragistas trocam todo o ativo B do contrato pelo ativo A, porque o ativo B está mais valorizado. Então, o contrato detém 200 do ativo A, no valor de 400 ETH. Nesse caso, o retorno do contrato é de 100%.

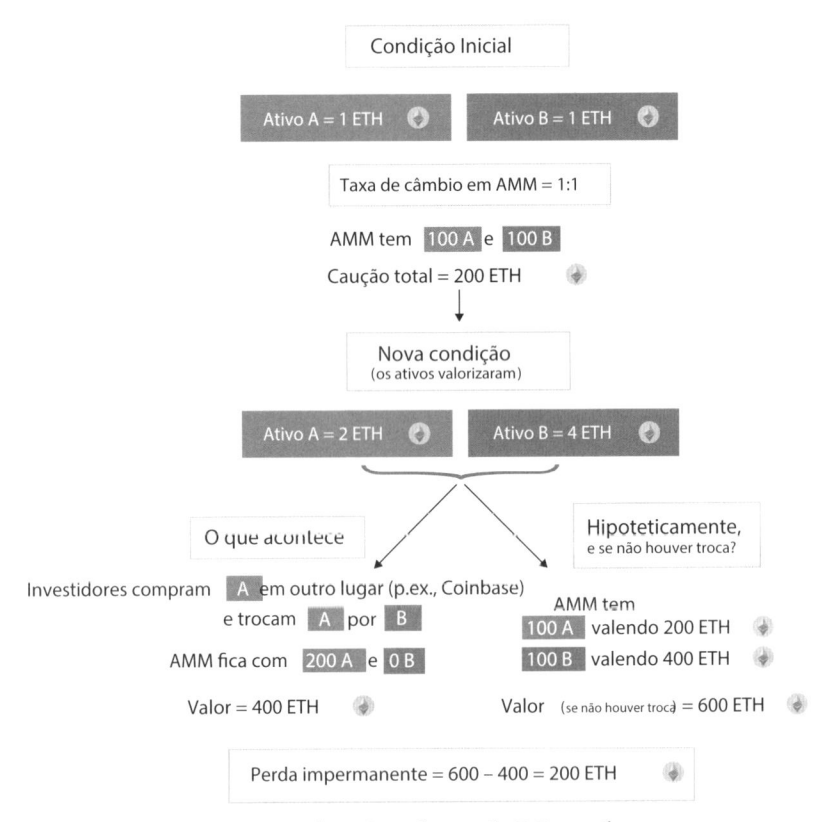

Figura 4.5 A mecânica dos Criadores de Mercado Automatizados

Se, no entanto, o contrato não vende o ativo B, seu valor seria de 600 ETH. O contrato teve uma perda impermanente de 200 ETH, ou seja, a diferença entre os 600 ETH e os 400 ETH. Se as participações do mercado retornarem à paridade entre os ativos A e B, a perda impermanente desaparece. Se a meta de liquidez mantida no contrato resultar em lucro, quaisquer taxas cobradas devem exceder o valor da perda temporária.

As perdas impermanentes ocorrem em qualquer mudança no preço e na liquidez, porque o contrato é estruturado para vender o ativo em valorização e comprá-lo em desvalorização. Uma característica importante da perda impermanente é a *independência do caminho*. Em nosso exemplo, não importa se um ou cem investidores consumiram toda a liquidez. A taxa final de câmbio e os índices de ativos do contrato geram a mesma perda temporária, independentemente do número de negócios ou da direção destes. Por causa da independência do caminho, a perda impermanente é minimizada em pares de negociação que têm preços correlacionados (*pares de reversão à média*). Assim, os pares de negociação de stablecoin são particularmente atraentes para AMMs.

EMPRÉSTIMOS COM GARANTIA

Dívida e empréstimo são, talvez, os mecanismos financeiros mais importantes que existem no DeFi e, de forma mais geral, nas finanças tradicionais. Por um lado, esses mecanismos são uma ferramenta poderosa para uma alocação eficiente de capital, aumentando a exposição ao risco com retorno e expandindo o crescimento econômico. Por outro lado, o excesso de dívida no sistema pode causar instabilidade, potencialmente levando a grandes contrações econômicas e de mercado. Esses benefícios e riscos são maiores no DeFi porque as contrapartes compartilham um ambiente adverso e integrado. As plataformas são cada vez mais interdependentes, e um colapso alimentado por dívidas em uma parte do sistema pode contaminar rapidamente todos os protocolos conectados — e expandir para fora.

Qualquer empréstimo de duração diferente de zero (por exemplo, *prenúncio de empréstimo instantâneo* [em inglês, "foreshadowing flash loan"]) deve ter como garantia um ativo de valor equivalente ou excedente. A exigência de garantia contratualmente impede que uma contraparte não cumpra o que lhe cabe. Um mecanismo sem garantia aumenta o risco de que uma contraparte possa roubar fundos, especialmente em um sistema aberto e anônimo, como o Ethereum. Um risco de posições supergarantidas é que a garantia se torna menos valiosa que a dívida, levando a uma execução sem opção de recuperação. Portanto, tipos de garantias mais voláteis exigem maiores índices de garantias para mitigar esse risco.

Já mencionamos o mecanismo de liquidação e agora o explicaremos em detalhes. Para evitar a liquidação, é imperativo que a dívida permaneça supergarantida por uma margem suficientemente grande para que a volatilidade permaneça supergarantida por uma margem suficientemente grande para que a volatilidade moderada dos preços não coloque em risco o valor da garantia. Os contratos inteligentes geralmente definem um limite mínimo de garantia abaixo do qual a garantia pode ser liquidada, e a posição, fechada. A garantia pode ser leiloada ou vendida diretamente em um DEX, provavelmente com um AMM, a preço de mercado.

Como dito antes, as posições no blockchain Ethereum não podem ser liquidadas automaticamente, portanto, é necessário um incentivo, que geralmente assume a forma de uma taxa percentual alocada a um keeper [agente externo; mais no Capítulo 4] que é capaz de liquidar a posição e receber a recompensa. Qualquer garantia restante é deixada para o detentor original da posição. Em alguns casos, o sistema deixará todo o restante para o agente externo, como um incentivo forte. Como a punição para a liquidação é alta e a maioria dos tipos de garantias é volátil, as plataformas geralmente permitem que os usuários reforcem suas garantias para manter seus índices saudáveis.

Uma implicação interessante de empréstimos com garantia e ajuste de fornecimento de token é que a garantia pode servir de base para um token sintético. O token sintético é um ativo criado e financiado por uma dívida, que tem a obrigação de reembolsar o token sintético para recuperar a garantia. O token sintético pode ter um mecanismo de utilidade ou representar um derivativo financeiro complexo, como uma opção ou título (por exemplo, Synthetix Synth e Yield yToken; ver Capítulo 6). Uma stablecoin que rastreia o preço de um ativo subjacente também pode ser um token sintético desse tipo (por exemplo, MakerDAO DAI; ver Capítulo 6).

EMPRÉSTIMOS FLASH (SEM GARANTIA)

Um fundamento financeiro que só existe no DeFi e amplia dramaticamente certos tipos de acesso financeiro é o *empréstimo flash*. Nas finanças tradicionais, um empréstimo é um instrumento projetado para alocar eficientemente o excesso de capital de uma pessoa ou entidade, que deseja empregá-lo (credor) para outra pessoa ou entidade que necessita de capital para custear um projeto ou para consumo (mutuário/tomador). O credor é compensado por fornecer o capital e arcar com o risco de inadimplência pelo valor dos juros cobrados ao longo da existência do empréstimo. A taxa de juros é normalmente mais alta quanto maior a duração do empréstimo, porque quanto maior o tempo para pagar, maior a exposição do credor a um risco maior de inadimplência.

A inversão do conceito leva à conclusão de que empréstimos de curto prazo devem ser menos arriscados e, portanto, exigir menos compensação para o credor. Um empréstimo flash é um empréstimo instantâneo, pago de volta na mesma transação. É similar ao empréstimo overnight das finanças tradicionais, mas com uma diferença crucial: o reembolso é exigido dentro da transação e aplicado pelo contrato inteligente.

Uma compreensão completa de uma transação Ethereum é importante para entender como funcionam os empréstimos flash. Há uma cláusula vital: se o empréstimo não for pago com os juros exigidos até o final da transação, todo o processo reverte para o estado anterior daquele em que qualquer dinheiro tenha saído da conta do credor. Em outras palavras, ou o usuário emprega com sucesso o empréstimo para o uso desejado e o reembolsa completamente na transação, ou a transação é desfeita e tudo é redefinido como se o usuário não tivesse emprestado nenhum dinheiro.

Os empréstimos flash, em sua essência, não têm risco de contrapartida ou de duração. No entanto, sempre existe o risco do contrato inteligente (por exemplo, um defeito no design do contrato; ver Capítulo 7). Os empréstimos flash permitem a um usuário tirar vantagem das oportunidades arbitradas ou refinanciar empréstimos sem garantia. Essa função permite a qualquer um no mundo acessar as oportunidades que tipicamente exigem quantias muito grandes de investimento de capital. Em breve veremos inovações similares que não existem no mundo tradicional das finanças.

PROBLEMAS QUE
O DEFI RESOLVE

Este capítulo aborda as soluções concretas do DeFi para as cinco falhas das finanças tradicionais: ineficiência, acesso limitado, opacidade, controle centralizado e falta de interoperabilidade.

INEFICIÊNCIA

A primeira das cinco falhas das finanças tradicionais é a ineficiência. O DeFi pode lidar com transações financeiras com alto volume de ativos e pouca fricção, o que geralmente seria um grande fardo organizacional para as finanças tradicionais. Ele faz isso ao criar dApps: contratos inteligentes reutilizáveis, projetados para operações financeiras específicas e disponíveis para qualquer usuário que busque esse tipo de serviço; por exemplo, para executar uma opção de compra, independentemente do tamanho da transação. Um usuário pode se autoatender amplamente dentro dos parâmetros do contrato inteligente e do blockchain no qual o aplicativo opera. No caso de um DeFi baseado em Ethereum, os contratos podem ser usados por qualquer um que pague a taxa de gás, atualmente em torno de US$3 para uma transferência e de US$12 para um recurso de dApp, como a alavancagem usando garantias. Uma vez implantados, esses contratos fornecem continuamente seus serviços com sobrecarga organizacional quase zero.

Keepers

Apresentados no Capítulo 4, os keepers são participantes externos incentivados diretamente para fornecer um serviço aos protocolos DeFi, como monitorar posições para garantir que elas sejam suficientemente garantidas ou acionar atualizações de estado para várias funções. Para garantir que os benefícios e serviços de um dApp tenham o preço ideal, as recompensas do keeper geralmente são estruturadas como um leilão. A concorrência pura e aberta agrega valor às plataformas DeFi, garantindo que os usuários paguem o preço de mercado pelos serviços de que precisam.

Forking

Outro conceito que também incentiva a eficiência é o *fork*. No contexto do código de fonte aberta, isso ocorre quando o código é copiado e reutilizado com atualizações ou melhorias adicionadas ao código original. Um fork comum nos protocolos de blockchain ocorre quando são criadas duas moedas e cadeias paralelas. Fazer isso cria uma competição tanto no nível de protocolo quanto para a melhor plataforma de contrato inteligente possível. Não apenas o código de todo o blockchain Ethereum é público e passível de fork, mas cada dApp DeFi construído em cima do Ethereum também o é. Caso existam aplicativos DeFi ineficientes ou abaixo do ideal, o código pode ser facilmente copiado. O forking e seus benefícios surgem da natureza aberta do DeFi e das blockchains.

O forking cria um desafio interessante para as plataformas de DeFi chamado *vampirismo*: uma cópia praticamente exata de uma plataforma DeFi projetada para buscar liquidez ou usuários oferecendo incentivos maiores do que a plataforma que está sendo copiada. Os usuários podem ser atraídos por uma recompensa potencialmente maior para a mesma funcionalidade, o que causaria uma redução no uso e na liquidez na plataforma original.

Se as recompensas inflacionárias forem falhas, com uso prolongado, o clone talvez possa entrar em colapso após uma grande bolha de ativos ou selecionar modelos mais próximos do ideal e substituir a plataforma original. O vampirismo não é um risco inerente ou uma falha, mas um fator complicado que está surgindo da competição pura e da abertura do DeFi. O processo de seleção acabará por dar origem a uma infraestrutura financeira mais robusta com ótima eficiência.

ACESSO LIMITADO

Conforme as plataformas de contratos inteligentes se movem para implementações mais escaláveis, o atrito do usuário diminui, permitindo uma ampla gama de usuários e, assim, mitigando a segunda falha das finanças tradicionais: acesso limitado. O

DeFi oferece a grupos grandes e mal atendidos, como a população global não bancarizada e pequenas empresas que empregam parcelas substanciais de força de trabalho (por exemplo, quase metade nos EUA) acesso direto a serviços financeiros. O impacto resultante em toda a economia global deve ser fortemente positivo. Mesmo os clientes que têm acesso a serviços do sistema financeiro tradicional, como hipotecas e cartões de crédito, não conseguem produtos com preços mais competitivos e condições mais favoráveis por estarem restritos a grandes instituições. O DeFi permite aos usuários acesso total a toda sua infraestrutura financeira, independentemente de riqueza ou localidade geográfica.

Yield Farming

O yield farming permite o acesso daqueles muitos que precisam de serviços financeiros, mas que as finanças tradicionais deixam para trás. Ele fornece aos usuários recompensas inflacionárias ou financiadas por contrato por fazer staking de capital ou usar um protocolo, que são pagos no mesmo ativo subjacente que o usuário tem ou em um ativo distinto, como um token de governança. Qualquer usuário pode participar, delimitando uma quantia de qualquer tamanho — independentemente de quão pequena for — e recebendo uma recompensa proporcional. Essa capacidade é particularmente poderosa no caso de tokens de governança. Um usuário de um protocolo que emite um token de governança via yield farming se torna um proprietário parcial da plataforma por meio de um token emitido. Ocorrência rara nas finanças tradicionais, esse processo é uma forma comum e celebrada de dar propriedade da plataforma às pessoas que a usam e se beneficiam dela.

Oferta Inicial de DeFi

Uma consequência interessante do yield farming é que o usuário pode criar uma *oferta inicial de DeFi* [em inglês, "initial DeFi offering", IDO] pelo mercado fazendo seu próprio par de negociação Uniswap (que será discutida no próximo capítulo). Ele pode definir a taxa de câmbio inicial, tornando-se o primeiro provedor de liquidez do par. Suponha que o token do usuário chama-se DFT e tem uma oferta total de 2 milhões. Ele pode fazer cada DFT valer 0,10 USDC abrindo o mercado com 1 milhão de DFT e 100 mil USDC. Qualquer detentor de token ERC-20 pode comprar DFT, levando o preço para cima. Como único provedor de liquidez, o usuário também recebe todas as taxas de negociação. Dessa forma, ele pode dar ao maior número possível de usuários acesso a seu token. O método define um piso artificial para o preço do token se o usuário controlar a oferta fora da quantidade ofertada ao mercado Uniswap e, como tal, inibir a descoberta de preços. As compensações de uma IDO devem ser ponderadas como uma opção ou estratégia para a distribuição de token de um usuário.

As IDOs democratizaram o acesso ao DeFi de duas formas. Primeiro, ao permitir que um projeto seja listado em exchanges de DeFi de alto tráfego que não tenham barreiras à entrada além do capital inicial. Segundo, ao permitir que um usuário acesse os melhores novos projetos imediatamente após sua listagem.

OPACIDADE

A terceira desvantagem das finanças tradicionais é a opacidade. O DeFi resolve esse problema de forma elegante, por meio da abertura e da natureza contratual dos acordos. Exploraremos como os contratos inteligentes e a tokenização melhoram a transparência no DeFi.

Contratos Inteligentes

Os contratos inteligentes fornecem um benefício imediato em termos de transparência. Todas as partes estão cientes da capitalização de suas contrapartes e, na medida do necessário, podem ver como os fundos serão aplicados. Cada um pode ler o contrato, concordar com os termos e eliminar qualquer ambiguidade. Essa transparência alivia substancialmente a ameaça de ônus jurídico e traz tranquilidade para os pequenos participantes, que, no ambiente atual das finanças tradicionais, podem sofrer abusos por contrapartes poderosas, que atrasam ou mesmo retêm completamente o término de um acordo financeiro. De forma muito realista, o cliente médio não entende o código do contrato, mas pode confiar na natureza de código aberto da plataforma, na existência de auditorias de códigos (discutidas posteriormente) e na sabedoria da multidão para se sentir seguro. No geral, o DeFi mitiga o risco da contraparte e, portanto, cria uma série de eficiências que não estão presentes nas finanças tradicionais.

Os participantes do DeFi são responsáveis por agir de acordo com os termos dos contratos que usam. Um mecanismo que assegura o comportamento apropriado é o *staking*, no qual um criptoativo é depositado em um contrato e liberado para a contraparte apropriada somente após o cumprimento dos termos ou é devolvido ao detentor original. As partes podem ser obrigadas a fazer stake em quaisquer reivindicações ou interações que fizerem. O staking reforça os acordos ao impor uma punição tangível para o lado que não se comporta e uma recompensa tangível para a contraparte, a última devendo ser tão boa ou até melhor do que o resultado dos termos originais do contrato. Essas estruturas transparentes de incentivo dão muito mais segurança e garantias mais óbvias do que os acordos financeiros tradicionais.

Outro tipo de contrato inteligente no DeFi que aumenta a transparência é o *contrato de token* [em inglês, "token contract"], que permite aos usuários saberem exatamente quantos tokens há no sistema e os parâmetros de inflação e deflação.

CONTROLE CENTRALIZADO

A quarta falha das finanças tradicionais é o forte controle exercido por governos e grandes instituições, que detêm um monopólio virtual sobre elementos como oferta monetária, taxa de inflação e acesso às melhores oportunidades de investimento. O DeFi derruba esse controle centralizado, renunciando ao controle para abrir protocolos transparentes e imutáveis. A comunidade de stakeholders ou mesmo um algoritmo predeterminado podem controlar um parâmetro de um dApp DeFi, como a taxa de inflação. Se um dApp contém privilégios especiais de administrador, todos os usuários estão cientes dos privilégios e qualquer usuário pode facilmente criar um concorrente menos centralizado. O ethos de código aberto do blockchain e a natureza pública de todos os contratos inteligentes garantem que falhas e ineficiências em um projeto DeFi possam ser prontamente identificadas e "bifurcadas" por usuários que copiam e melhoram o projeto falho. Consequentemente, o DeFi se esforça para projetar protocolos que incentivem os stakeholders de forma natural e elegante e mantenham um equilíbrio saudável por meio de um design cuidadoso de mecanismos. Naturalmente, há o outro lado da moeda em não se ter uma parte centralizada. O controle centralizado permite uma ação radicalmente decisiva em uma crise, que pode ou não ser a reação apropriada. O caminho para a descentralização das finanças certamente envolverá dores de crescimento por causa dos desafios no pré-planejamento para todas as eventualidades e nuances econômicas. Em última análise, no entanto, a transparência e a segurança que uma abordagem descentralizada traz levarão a protocolos robustos que podem se tornar uma infraestrutura financeira confiável para uma base global de usuários.

Organização Autônoma Descentralizada

Em uma organização autônoma descentralizada (DAO), as regras de operação são codificadas em contratos inteligentes, que determinam quem pode executar qual comportamento ou atualização. É comum que uma DAO tenha algum tipo de *token de governança*, que dá ao proprietário alguma porcentagem de voto em futuros resultados. Exploraremos a governança com mais detalhes mais adiante.

FALTA DE INTEROPERABILIDADE

Falaremos agora de como o DeFi resolve o problema da falta de interoperabilidade que existe nas finanças tradicionais. Nesta, os produtos existentes são difíceis de integrar, normalmente exigindo, no mínimo, uma transferência bancária e em muitos casos sendo incapazes de serem recombinados. As possibilidades para o DeFi são substanciais, e as inovações continuam a crescer exponencialmente, alimentadas pela facilidade de composição dos produtos DeFi. Assim que uma infraestrutura base tenha sido estabelecida — por exemplo, para criar um ativo sintético —, qualquer novo protocolo que permita tomar ou realizar empréstimos pode ser aplicado. Uma camada mais alta permitiria a obtenção de alavancagem sobre os ativos emprestados. Essa composição pode continuar em um número crescente de direções à medida que novas plataformas surgem. Por essa razão, *DeFi Legos* é uma analogia usada com frequência para descrever o ato de combinar protocolos existentes para criar um novo. A próxima seção discutirá a tokenização e a liquidez em rede, que são vantagens dessa composição.

Tokenização

A tokenização é a principal forma de integração entre as plataformas DeFi. Tome, por exemplo, uma participação percentual em um empreendimento imobiliário comercial privado. Seria bastante difícil nas finanças tradicionais usar esse ativo como garantia para um empréstimo ou como margem para abrir uma posição alavancada em derivativos. Como o DeFi depende de interfaces compartilhadas, as aplicações podem se conectar diretamente aos ativos uns dos outros, reempacotar e subdividir posições conforme necessário. O DeFi tem o potencial para desbloquear liquidez em ativos tradicionalmente ilíquidos por meio de tokenização. Um caso de uso simples seria criar compartilhamentos fracionários de um ativo unitário, como uma ação.

Podemos estender esse conceito para dar propriedade fracionária a recursos escassos, como arte rara.

Os tokens podem ser usados como garantia para qualquer outro serviço DeFi, como alavancagem ou derivativos.

Podemos inverter esse paradigma para criar pacotes de tokens de grupos de ativos do mundo real ou digital e negociá-los como um ETF. Imagine um dApp como um fundo de investimento imobiliário (REIT), mas com a capacidade adicional de permitir que o proprietário subdivida o REIT em componentes imobiliários individuais para selecionar uma distribuição e alocação geográfica preferida dentro do REIT. Ter um token significa supervisionar como as propriedades são distribuídas. O token pode ser negociado em uma bolsa descentralizada para liquidar a posição.

Comparado com ativos digitais, tokenizar ativos tangíveis como imóveis ou metais preciosos é mais difícil devido a considerações práticas, como manutenção e armazenamento, que não podem ser implementadas em código. Restrições legais entre juridições também são um desafio à tokenização, no entanto, a utilidade da tokenização contratual e segura para a maioria dos casos de uso não deve ser subestimada.

Uma versão tokenizada de uma posição em uma plataforma DeFi é um ativo derivativo plugável, que pode ser usado em outra plataforma. A tokenização permite que os benefícios e recursos de uma posição sejam portáteis. O exemplo arquetípico da portabilidade por intermédio da tokenização é o Compound (ver Capítulo 6), que permite a criação de mercados de empréstimos robustos nos quais uma posição — ela mesma um token — pode acumular juros de taxa variável denominados em um determinado token. Se, por exemplo, o ativo base é ETH, o invólucro de depósito ETH conhecido como cETH (cToken) pode ser usado no lugar do ativo base. O resultado é um derivativo apoiado em ETH que também está acumulando juros de taxa variável de acordo com o protocolo Compound. A tokenização, portanto, desbloqueia novos modelos da receita para dApps, porque eles podem conectar ativos diretamente ao Compound ou usar a interface do cToken para obter os benefícios das taxas de juros do Compound.

Liquidez em Rede

O conceito de interoperabilidade se estende facilmente à liquidez no caso de uso de exchanges. As exchanges tradicionais — em particular as corretoras tradicionais que os investidores de varejo normalmente usam — não podem compartilhar liquidez prontamente com outras exchanges. No DeFi, como um subcomponente do contrato, qualquer aplicação de exchange pode alavancar a liquidez e as taxas de qualquer outra exchange no mesmo blockchain. Esse recurso permite liquidez em rede e leva a taxas muito competitivas para usuários dentro da mesma aplicação.

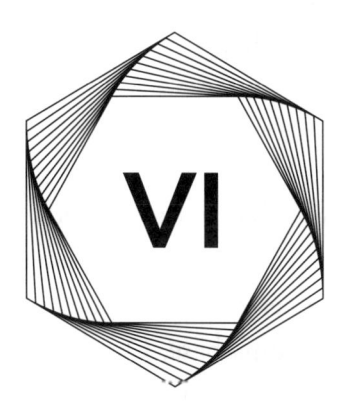

DEFI AVANÇADO

O DeFi pode ser dividido em setores com base no tipo de funcionalidades do dApp. Muitos dApps podem se encaixar em várias categorias, por isso tentamos colocá-los na categoria mais relevante. Examinamos as plataformas DeFi na taxonomia das facilidades de empréstimo/crédito, DEXes, derivativos e tokenização e[1] nos concentraremos principalmente na rede Ethereum, devido à sua popularidade, mas as inovações DeFi estão ocorrendo em muitos blockchains, incluindo Stellar e EOS.[2] O Polkadot[3] é outra plataforma que emprega um tipo de consenso de prova de participação.

CRÉDITO/EMPRÉSTIMO

MakerDAO

O MakerDAO[4] (DAO, sigla em inglês para *organização autônoma descentralizada*) é, muitas vezes, considerado um exemplo de DeFi. Para que uma série de aplicações se desenvolvam, deve necessariamente haver uma base. O valor agregado primário do MakerDAO é a criação de uma stablecoin com criptogarantia, atrelada ao USD. Isso significa que o sistema pode rodar completamente dentro do blockchain Ethereum sem depender de instituições centralizadas externas para apoiar, guardar e auditar a stablecoin. O MakerDAO é um modelo de token duplo, em que um token de governança MKR gera direitos de voto na plataforma e participa da captura de valor. O segundo token é uma stablecoin chamada DAI — um token básico no ecossistema de DeFi com o qual muitos protocolos se integram, incluindo alguns que discutiremos mais adiante.

A DAI é gerada desta forma: um usuário pode depositar ETH ou outros ativos suportados pelo ERC-20 em um *cofre*, que é um contrato inteligente que oferece garantia e acompanha o valor denominado em USD da garantia. O usuário pode, então, criar DAI até uma certa taxa de garantia em seus ativos. Isso cria uma "dívida" em DAI que o titular do cofre deve pagar. A DAI é o ativo correspondente que pode ser usado da forma como o titular do cofre desejar. Por exemplo, o usuário pode vender a DAI por dinheiro ou alavancá-la em mais ativos de garantia[5] e repetir o processo. Dada a volatilidade do ETH e da maioria dos tipos de garantia, o requisito de garantia é muito superior a 100%, geralmente ficando na faixa de 150% a 200%.

A ideia básica subjacente ao mecanismo DAI não é nova; é simplesmente uma posição de dívida garantida. Por exemplo, um proprietário de imóvel que necessita de liquidez pode penhorar sua casa como garantia a um banco e receber um empréstimo hipotecário estruturado para incluir um saque em dinheiro. A volatilidade do preço da ETH é muito maior do que uma casa; como tal, as taxas de garantia para um contrato ETH–DAI são maiores do que as da hipoteca tradicional. Além disso, não é necessário nenhuma instituição centralizada, porque tudo acontece dentro do blockchain Ethereum.

Vamos considerar um exemplo simples. Suponha que uma proprietária de ETH precisa de liquidez, mas não quer vender suas ETH porque acha que elas valorizarão. A situação é parecida com a do proprietário de imóvel que precisa de liquidez, mas não quer vender seu imóvel. Digamos que um investidor tem 5 ETH a um preço de mercado de US$200 (totalizando US$1.000). Se o requisito de garantia for 150%, o investidor pode criar até 667 DAI (US$1.000/1,5 arredondando). O índice de garantia (collateralization ratio) é definido com valor elevado para reduzir a probabilidade de que a dívida do empréstimo exceda o valor da garantia. Além disso, para que o token DAI seja atrelado ao USD de forma confiável, o sistema precisa evitar o risco de que a garantia valha menos de US$1 = 1 DAI.

Dado o índice de garantia de 1,5, seria imprudente criar 667 DAI, porque, se o ETH caísse abaixo de US$200, o contrato seria subgarantido — o equivalente a uma *chamada de margem* (margin call) Estamos usando a linguagem financeira tradicional, mas no DeFi não há comunicação de seu corretor sobre a necessidade de depositar margem adicional ou de liquidar a posição, e também não há período de carência. A liquidação acontece imediatamente.

Como tal, a maioria dos investidores opta por criar menos de 667 DAI, para obter uma margem de segurança (buffer). Imagine que um investidor crie 500 DAI, o que implica um índice de garantia de 2,0 (US$1.000/2,0 = 500). Vamos explorar dois cenários. No primeiro, imagine que o preço da ETH aumente 50%, levando o preço da garantia para US$1.500. Agora o investidor pode aumentar o tamanho de seu empréstimo. Para manter a garantia de 200%, o investidor cria 250 DAI extras.

Um cenário mais interessante ocorre quando o valor da garantia cai. Imagine que o valor do ETH diminua 25%, de US$200 para US$150. Nesse caso, o valor da garantia cai para US$750, e o índice de garantia, para 1,5 (US$750/1,5 = 500).

O titular do cofre se vê diante de três cenários. Primeiro, pode aumentar a quantidade da garantia no contrato (por exemplo, adicionando 1 ETH). Segundo, pode usar os 500 DAI para pagar o empréstimo e recuperar os 5 ETH. Esses ETH agora valem US$250 a menos, mas a depreciação do valor aconteceria independentemente do empréstimo. Terceiro, o empréstimo é quitado por um *keeper* (qualquer participante externo), que é incentivado a encontrar contratos elegíveis para liquidação. O keeper leiloa as ETH para ter DAI suficiente para pagar o empréstimo. Nesse caso, 3,33 ETH seriam vendidos e 1,47 retornaria ao titular do cofre (o keeper ganha uma taxa de incentivo de 0,2 ETH). Então, o titular do cofre tem 500 DAI, que valem US$500 e 1,47 ETH, valendo US$220. Essa análise não inclui a taxa de gás.

Duas forças neste processo reforçam a estabilidade da DAI: supergarantia e ações de mercado. Na liquidação, a ETH é vendida, e a DAI, comprada, o que exerce pressão positiva sobre os preços de DAI. Este exemplo simples não aborda muitos recursos do ecossistema MakerDAO (Figura 6.1), em particular os mecanismos de taxas e o limite de dívida, que exploraremos agora.

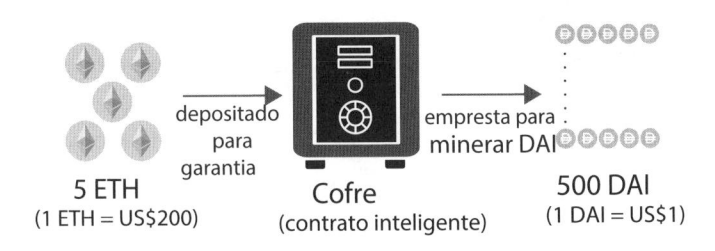

5 ETH
(1 ETH = US$200)

depositado para garantia

Cofre
(contrato inteligente)

empresta para minerar DAI

500 DAI
(1 DAI = US$1)

VALOR da GARANTIA (5 ETH) = US$1.000

| 333 | 167 | 500 |

super garantia   buffer   500 DAI minerados

fator de garantia : 150%
empréstimo máximo : 1.000/1,5 = 667 DAI
empréstimo atual : 500 DAI

Cenário 1   **ETH valoriza 50%**   US$200 —➤ US$300

VAOR DA GARANTIA (5 ETH) = US$1500

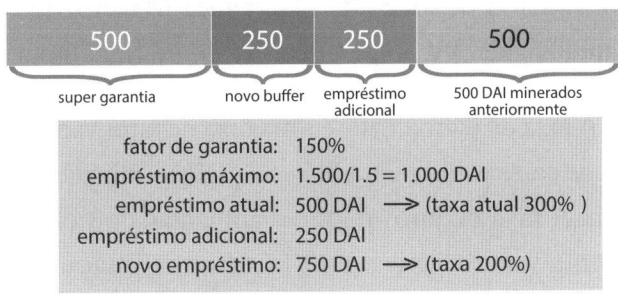

| 500 | 250 | 250 | 500 |

super garantia   novo buffer   empréstimo adicional   500 DAI minerados anteriormente

fator de garantia: 150%
empréstimo máximo: 1.500/1.5 = 1.000 DAI
empréstimo atual: 500 DAI —➤ (taxa atual 300%)
empréstimo adicional: 250 DAI
novo empréstimo: 750 DAI —➤ (taxa 200%)

Cenário 2   ETH desvaloriza 25%   US$200 —➤ US$150

VALOR DA GARANTIA (5 ETH) = US$750

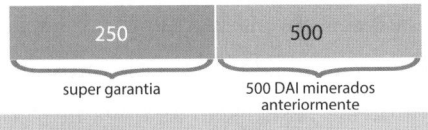

| 250 | 500 |

super garantia   500 DAI minerados anteriormente

fator de garantia: 150%

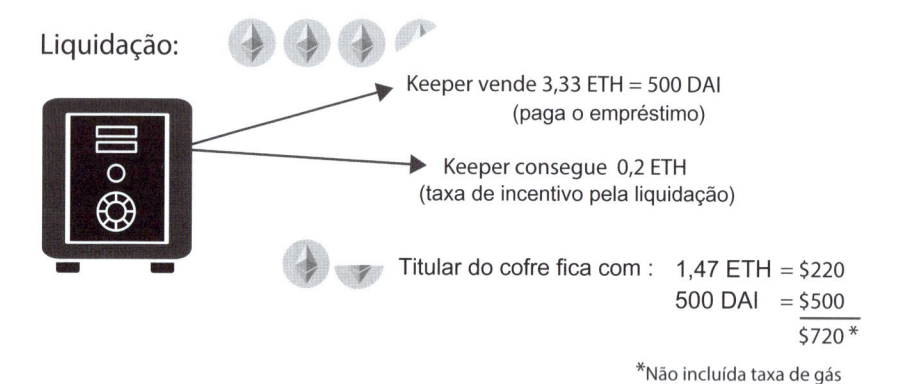

Figura 6.1　A mecânica do DAI do MakerDAO

A viabilidade do ecossistema MakerDAO depende criticamente de o DAI manter uma paridade de 1:1 com o USD. Vários mecanismos estão a postos para incentivar a demanda e a oferta para manterem o preço em paridade. Os mecanismos primários de manutenção da paridade são o teto da dívida, a taxa de estabilidade e a taxa de poupança DAI (DSR). Esses parâmetros são controlados por titulares de token de governança Maker (MKR) e de governança MakerDAO, que discutiremos no final desta seção.

A taxa de estabilidade é uma taxa de juros variável que os titulares de cofre pagam em DAI em qualquer dívida DAI que contraírem. A taxa de juros pode ser aumentada ou diminuída (mesmo em um valor negativo) para incentivar a geração ou o pagamento do DAI para levar seu preço à paridade. A taxa de estabilidade financia o DSR, uma taxa variável que qualquer titular DAI pode ganhar em seu depósito de DAI. O DSR se acumula por bloco criado. A taxa de estabilidade, que precisa ser sempre igual ou superior ao DSR, é reforçada pelos contratos inteligentes potencializando a plataforma. A situação análoga nas finanças centralizadas é que a taxa de empréstimo é sempre superior à de depósito. Por fim, um teto de dívida DAI imposto por contrato inteligente pode ser ajustado para permitir mais ou menos oferta para atender ao nível atual de demanda. Se o protocolo está no teto da dívida, nenhuma nova DAI poderá ser criada em novos cofres até que a dívida antiga seja paga ou o teto seja elevado.

Para ficar acima do limite de liquidação, um usuário pode depositar mais garantias no cofre para manter a DAI garantida com segurança. Quando uma posição é considerada abaixo do índice de liquidação, um keeper pode iniciar um leilão (ou seja, vender algumas garantias de ETH[6]) para liquidar a posição e fechar a dívida do titular do cofre. A *punição de liquidação* (liquidation penalty) é calculada como uma porcentagem da dívida e deduzida da garantia, somando-se também o valor necessário para fechar a posição.

Após o leilão, qualquer garantia volta para o titular do cofre. A punição de liquidação age como um incentivo para os participantes de mercado monitorarem os cofres e para iniciar um leilão quando uma posição se torna subgarantida. Se o preço da garantia despenca de tal forma que a dívida da DAI não pode ser paga integralmente, a posição é fechada e o protocolo acumula a *dívida do protocolo*. Um pool de buffers de DAI existe para cobrir até uma certa quantia. A solução envole tokens de governança MKR e sistemas de governança.

O token MKR controla o MakerDAO. Os titulares do token têm direito de voto em atualizações de protocolo, incluindo o apoio a novos tipos de garantia e ajustes de parâmetros, como taxas de garantia. Espera-se que os titulares de MKR tomem decisões no melhor interesse financeiro da plataforma.

Seu incentivo é que uma plataforma saudável deve aumentar o valor de sua participação na governança da plataforma. Por exemplo, por causa de uma governança ruim, o pool de buffers pode ser insuficiente para pagar a dívida do protocolo. Se todas as outras medidas de pagamento da dívida falharem, a *liquidação global* é um mecanismo de segurança que pode ser usado, no qual tokens MKR recém-criados são leiloados em troca de DAI e a DAI é usada para pagar a dívida. A liquidação global dilui a fatia de MKR, assim, os acionistas são incentivados a evitarem-na e manterem a dívida do protocolo no mínimo.

Os titulares de MKR são, coletivamente, donos do futuro do MakerDAO. Uma proposta e o correspondente voto aprovado podem alterar qualquer um dos parâmetros disponíveis na plataforma. Outras mudanças possíveis de parâmetros incluem apoio a novos tipos de garantias para cofres e atualizações adicionais de funcionalidade. Os titulares de MKR podem, por exemplo, votar para pagar a si mesmos um dividendo financiado pelo spread entre os pagamentos de juros pagos pelos titulares de cofres e a taxa de poupança do DAI. A recompensa de receber esse dividendo precisaria ser ponderada contra qualquer resposta negativa da comunidade (por exemplo, uma reação contra a procura de aluguel de um protocolo anteriormente sem aluguel) que pudesse diminuir o valor do protocolo e do token MKR.

Uma série de características torna a DAI atrativa para os usuários. Importante frisar que os usuários podem comprar e usar a DAI sem ter de gerá-la em um cofre — eles podem simplesmente comprar DAI em uma exchange sem precisar conhecer a mecânica subjacente de como elas são criadas. Os titulares podem facilmente obter a taxa de economia de DAI usando o protocolo, e usuários mais sofisticados tecnológica e financeiramente podem usar o portal do MakerDAO para gerarem cofres e criarem DAI para conseguir liquidez para seus ativos sem ter de vendê-los. É fácil vender DAI e comprar uma quantia adicional do ativo garantido para obter alavancagem.

Uma desvantagem digna de nota da DAI é que sua oferta é sempre limitada pela demanda da dívida garantida em ETH. Não existe um loop de arbitragem claro para manter a paridade. Por exemplo, a stablecoin USDC é sempre resgatável sem taxas pela Coinbase para US$1. Os arbitradores têm uma estratégia garantida (assumindo a solvência da Coinbase) na qual podem comprar USDC com desconto ou vendê-la como prêmio em outro lugar e resgatar em Coinbase. Isso não acontece com a DAI. Independentemente de quaisquer desvantagens, a simplicidade da DAI a torna um bloco de construção essencial para outros aplicativos DeFi (Tabela 6.1).

Tabela 6.1   Os Problemas que o MakerDAO Resolve

Problemas das Finanças Tradicionais	Solução do MakerDAO
Controle centralizado: As taxas de interesse são influenciadas pelo U.S. Federal Reserve e acessos a produtos de crédito controlados por regulamentação e políticas institucionais.	A plataforma MakerDAO é abertamente controlada pelos titulares de MKR.
Acesso limitado: Obter empréstimos é difícil para a maioria da população.	Capacidade aberta de retirar liquidez da DAI contra uma posição com garantia excessiva em qualquer token ERC-20 suportável. Acesso a um retorno competitivo denominado em USD no DSR.
Ineficiência: Contrair um empréstimo custa tempo e dinheiro.	Liquidez instantânea ao apertar um botão, com custo mínimo de transação.

(continua)

(continuação)

Tabela 6.1   Os Problemas que o MakerDAO Resolve

Falta de interoperabilidade: Não é possível usar tokens em USD ou USD sem garantia em contratos inteligentes.	Emissão de DAI, uma stablecoin USDtracking sem permissão apoiada por criptomoeda. A DAI pode ser usada em qualquer contrato inteligente ou aplicação DeFi.
Opacidade: Garantias pouco claras de instituições de crédito.	Taxas de garantia transparentes de cofres visíveis para todo o ecossistema.

Compound

O *compound* é um mercado de empréstimos que oferece vários ativos ERC-20 diferentes para empréstimos. Todos os tokens em um único mercado são agrupados para que todos os credores ganhem a mesma taxa variável e todos os mutuários paguem a mesma taxa variável. O conceito de uma taxa de crédito é irrelevante e, como as contas Ethereum são pseudônimos, forçar o reembolso em caso de inadimplência é praticamente impossível. Por essa razão, todos os empréstimos são supergarantidos em um ativo garantido diferente daquele que está sendo emprestado. Se um mutuário cair abaixo de seu índice de garantia, sua posição será liquidada para pagar sua dívida. Esta pode ser liquidada por um keeper, similar ao processo usado nos cofres MakerDAO. O keeper recebe um bônus como incentivo para cada unidade de dívida que ele fechar.

O índice de garantia é calculado via *fator de garantia*. Cada ativo ERC-20 na plataforma tem seu próprio fator de garantia, a uma taxa de 0% a 90%. Um fator de garantia zero significa que um ativo não pode ser usado como garantia. O índice de garantia exigido para qualquer tipo de garantia é calculado como 100 dividido pelo fator de garantia. Ativos voláteis normalmente têm fatores de garantia mais baixos, o que exige índices de garantia mais altos devido ao aumento do risco de um movimento de preço que pode levar à sub-garantia. Uma conta pode usar vários tipos de garantia de uma vez só, caso em que o índice de garantia é calculado como 100 dividido pela média ponderada dos tipos de garantias por seus tamanhos relativos (denominados em uma moeda comum) na carteira.

O índice de garantia é semelhante a um multiplicador de reservas no banco tradicional, restringindo a quantidade de dólares "emprestados" que podem estar no sistema em relação à oferta "real". Por exemplo, ocasionalmente há mais DAI no Compound do que realmente fornecido pela MakerDAO, porque os usuários estão emprestando e reabastecendo ou vendendo para outros que reabastecem. É importante destacar que toda a oferta vinda da MakerDAO é, em última análise, lastreada por garantia real e não há como emprestar mais valor e garantia do o originalmente fornecido.

Por exemplo, imagine que um investidor deposite 100 DAI com fator de garantia de 90. Essa transação sozinha corresponde ao índice de garantia requerido, de 111%. Assumindo-se que 1 DAI = US$1, o investidor pode tomar emprestado até US$90 no valor de qualquer outro ativo em Compound. Se ele ou ela tomar emprestado o máximo e o preço do ativo emprestado aumentar, a posição estará sujeita a liquidação. Suponha que o investidor também deposite 2 ETH com fator de garantia de 60 e um preço de

US$200/ETH. O saldo total em garantia agora é de US$500, com 80% em ETH e os outros 20% em DAI. O índice de garantia requerido é 100/(0,8*60 + 0,2*90) = 151% (Figura 6.2).

As taxas de juros são acumuladas a cada bloco (aproximadamente quinze segundos na Ethereum produzindo capitalização quase contínua) e são determinadas pela porcentagem de utilização no mercado. A utilização é calculada como empréstimo total/oferta total. A taxa de utilização é usada como parâmetro de entrada para uma fórmula que determina as taxas de juros. Os parâmetros remanescentes são definidos pela *Governança do Compound,* que será descrita no final desta seção.

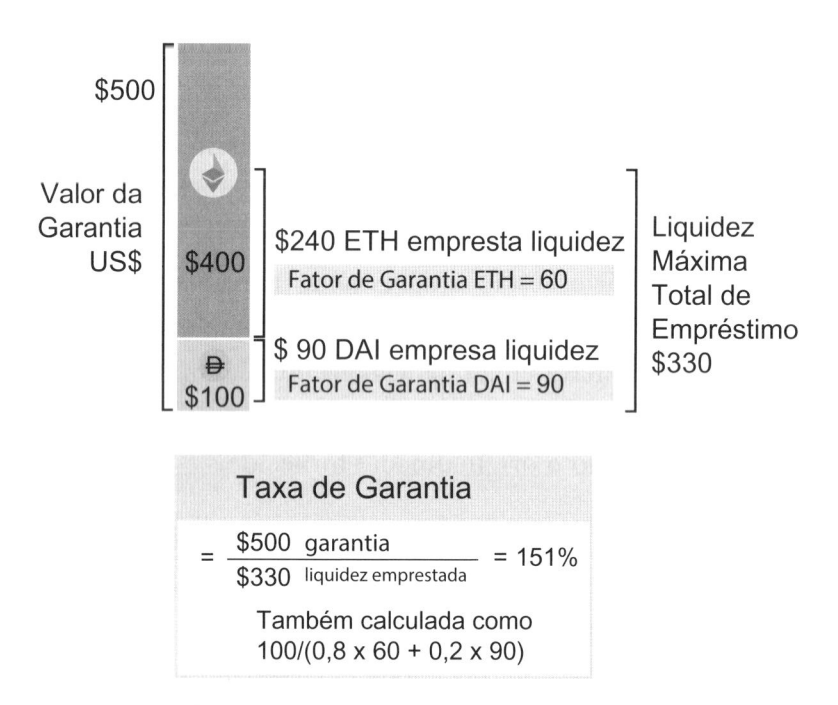

Figura 6.2   Índices de garantia no Compound

A fórmula para a taxa de empréstimo normalmente é uma função linear crescente, com uma interceptação y conhecida como *taxa básica*, que representa a taxa de empréstimo a 0% da demanda por empréstimo e uma *inclinação* que representa a taxa de variação das taxas. Esses parâmetros são diferentes para cada ativo ERC-20 apoiado pelas plataformas. Alguns mercados têm fórmulas mais avançadas, que incluem um *kink* [nó], que é uma taxa de utilização além da qual a inclinação se torna mais acentuada. Essas fórmulas podem ser usadas para reduzir o custo do empréstimo até o kink e, em seguida, aumentar seu custo após este, de forma a incentivar um nível mínimo de liquidez.

A taxa de juros da oferta é a taxa de empréstimo multiplicada pela taxa de utilização para que os pagamentos de empréstimo possam cobrir totalmente as taxas do fornecedor. O *fator de reserva* é uma porcentagem dos pagamentos de empréstimos não concedidos aos fornecedores e, em vez disso, reservados em um pool de reservas que atua como seguro no caso de inadimplência de um mutuário. Em um movimento extremo de preços, muitas posições podem se tornar subgarantidas, pois têm fundos insuficientes para reembolsar os fornecedores. No caso de tal cenário, os fornecedores seriam reembolsados usando-se os ativos no pool de reservas.

Aqui está um exemplo concreto da mecânica de taxas. No mercado DAI, 100 milhões de DAI são fornecidos, e 50 milhões, emprestados. Suponha que o índice base é de 1%, e a inclinação, 10%. Com 50 milhões emprestados, a utilização é 50%. A taxa de juros do empréstimo e, então, calculada para ser $0,5 \times 0,1 + 0,01 = 0,06$, ou 6%. O índice máximo de fornecimento (assumindo um fator de reserva zero) seria simplesmente $0,5 \times 0,06 = 0,03$, ou 3%. Se o fator de reserva está definido para 10, então 10% dos juros do empréstimo são desviados para um pool de reservas DAI, reduzindo a taxa de juros da oferta para 2,7%. Outra forma de pensar sobre os juros é que a taxa de empréstimo de 6% sobre os 50 milhões representa 3 milhões em pagamentos de empréstimos. A distribuição de 3 milhões de pagamentos a 100 milhões de fornecedores implica uma taxa de juros de 3% para todos os fornecedores.

Para um exemplo mais complicado envolvendo um kink, suponha que 100 milhões de DAI sejam fornecidos, e 90 milhões, emprestados — uma utilização de 90%. O kink está com 80% da utilização, e a inclinação, que antes era de 10%, ficou depois em 40%, o que implica que a taxa de empréstimo será muito maior se a utilização de 80% for excedida.

Figura 6.3   **Taxas de poupança e empréstimo em Compound**

A taxa base permanece em 1%. A taxa de juros de empréstimo= 0,01 (base) + 0,8*0,1 (pré-kink) + 0,1 x 0,4 (pós-kink) = 13%. A taxa de fornecimento (assumindo um fator de reserva de zero) é 0,9 x 0,13 = 11,7% (Figura 6.3).

A utilidade do mercado de empréstimos Compound é simples e objetiva: ele permite aos usuários desbloquear o valor de um ativo sem vendê-lo e incorrer em um evento taxável (ao menos nas regras de hoje), similar a uma linha de crédito home equity. Além disso, eles podem usar os ativos emprestados para projetar posições longas ou a descoberto alavancadas, com taxas combinadas competitivas e sem processo de aprovação. Por exemplo, se um investidor estiver pessimista em relação ao preço do ETH, ele pode simplesmente depositar uma stablecoin, como DAI ou USDC, como garantia e, então, emprestar ETH e vendê-la por mais da stablecoin. Se o preço da ETH cair, os investidores usam algumas DAIs para comprar ETH (de maneira mais barata) para quitar a dívida. O Compound oferece vários tokens voláteis e estáveis para atender às preferências de risco dos investidores, e novos tokens são adicionados continuamente.

O protocolo Compound deve garantir tokens como depositante para manter essa liquidez na própria plataforma e acompanhar a participação proprietária de cada pessoa em cada mercado. Seria ingênuo acompanhar o número dentro de um contrato; em vez disso, seria melhor tokenizar a participação do usuário. O Compound faz isso usando um cToken, uma das mais importantes inovações da plataforma.

O cToken de Compound é um ERC-20 por direito próprio e representa uma participação acionária no mercado de Compound subjacente. Por exemplo, o cDAI corresponde ao mercado Compound DAI, e o cETH, ao mercado Compound ETH. Ambos os tokens são criados e queimados proporcionalmente aos fundos adicionados e removidos do mercado subjacente como forma de rastrear o valor pertencente a um investidor específico. Devido aos pagamentos de juros que se acumulam continuamente aos fornecedores, esses tokens sempre valem mais do que o ativo subjacente. O benefício de projetar o protocolo dessa forma é que um cToken pode ser negociado por conta própria, como um ativo ERC-20 normal. Essa característica permite que outros protocolos se integrem perfeitamente ao Compound simplesmente mantendo cTokens e permite que os usuários implantem seus cTokens diretamente em outras oportunidades, como usar um cToken como garantia para um cofre MakerDAO. Em vez de usar o ETH somente como garantia, os investidores podem usar o cETH e obter juros de empréstimo sobre a garantia ETH.

Por exemplo, suponha que existam 2 mil DAI no mercado Compound DAI e um total de 500 cDAI represente a propriedade no mercado; esse índice de cDAI para DAI não é determinativo e poderia facilmente ser 500 mil cDAI. Naquele momento, no exemplo, 1 cDAI vale 4 DAI, mas depois que mais juros se acumularem no mercado, a proporção mudará. Se um investidor chega e deposita mil DAI, a cadeia aumenta em 50% (Figura 6.4). Portanto, o protocolo Compound cria 50% mais cDAI (250 cDAI) e transfere essa quantia para a conta do investidor. Supondo que a taxa de juros seja de 10%, ao final do ano haverá 3.300 DAI, e o investidor de 250 cDAI poderá resgatar 1/3, ou 1.100 do DAI. O investidor pode empregar cDAI no lugar do DAI, assim o DAI não está ocioso, mas auferindo juros por meio do pool Compound. Por exemplo, o investidor pode empregar cDAI como a garantia necessária para abrir uma posição de futuros perpétuos dYdX ou comercializar em Uniswap, usando um par de negociação cDAI. (dYdX e Uniswap serão discutidos mais à frente neste capítulo.)

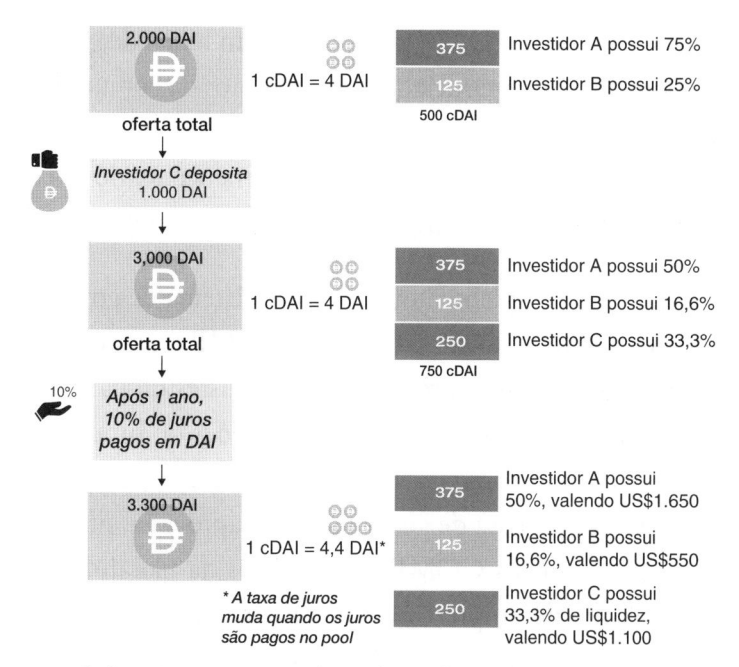

Figura 6.4   A mecânica do token de patrimônio Compound (cToken)

Os vários parâmetros diferentes da funcionalidade do Compound — como *fator de garantia, fator de reserva, taxa base, inclinação* e *kink* — podem ser ajustados. A capacidade da entidade de ajustar esses parâmetros é a Governança do Compound, que tem o poder de alterar parâmetros, adicionar novos mercados, congelar a capacidade de iniciar novos depósitos ou empréstimos em um mercado e até atualizar parte do próprio código do contrato. Contudo, a Governança do Compound não pode roubar fundos ou impedir que os usuários façam saques. Nas primeiras etapas do crescimento do Compound, a governança era controlada por administradores de desenvolvedores, similar a qualquer startup de tecnologia. Uma meta importante de desenvolvimento do Compound, assim como a maioria dos protocolos DeFi, era remover o acesso de administrador do desenvolvedor e liberar o protocolo para a liderança de um DAO, por meio de um token de governança. O token permitiu que acionistas e membros da comunidade se tornassem coletivamente Governança de Compound e propusessem atualizações ou ajustes de parâmetros. Era necessário um acordo de quórum para que qualquer mudança fosse implementada.[7]

O Compound implementou esse novo sistema de governança em maio de 2020 via token COMP. O COMP é usado para votar em atualizações de protocolos, como ajustes de parâmetros, adição de suporte a novos ativos e atualizações de funcionalidades (similar ao MKR para o MakerDAO). Em 15 de junho de 2020, a sétima proposta de governança foi aprovada, prevendo a distribuição de tokens COMP aos usuários da plataforma com base no volume de empréstimos por mercado.[8] A proposta oferecia uma experiência semelhante a uma empresa de tecnologia, dando suas próprias ações para os usuários. O token COMP é distribuído tanto para fornecedores quanto para mutuários e atua como um subsídio de taxas. Com a liberação do token em mercados públicos, o valor de mercado do COMP subiu para mais de US$2 bilhões. O preço da taxa de distribuição é tão alto que o empréstimo na maioria dos mercados acabou sendo lucrativo. Essa oportunidade de arbitragem atraiu um volume considerável para a plataforma, e a governança da comunidade tem feito e aprovado várias propostas para ajudar a gerenciar o uso.

O protocolo Compound não pode mais ser desativado e permanecerá no Ethereum enquanto este existir. Outras plataformas podem facilmente depositar fundos em Compound para fornecer valor adicional aos usuários. Um exemplo interessante disso é o PoolTogether,[9] uma loteria sem perdas[10] que deposita todos os fundos do usuário no Compound, mas paga os juros ganhos do pool inteiro a um único depositante aleatório em intervalos fixos. O acesso fácil e instantâneo para render ou emprestar liquidez em diferentes tokens Ethereum torna o Compound uma plataforma importante no DeFi (Tabela 6.2).

Tabela 6.2   Problemas que o Compound Resolve

Problemas das Finanças Tradicionais	Solução do Compound
Controle centralizado: As taxas de empréstimos são controladas por instituições.	As taxas do Compound são determinadas algoritmicamente e fornecem parâmetros de controle de mercado às partes interessadas da COMP incentivadas a fornecer valor aos usuários.
Acesso limitado: Dificuldade em acessar oportunidades de investimento em USD de alto rendimento ou empréstimos competitivos.	Capacidade aberta de emprestar quaisquer ativos suportados a taxas competitivas determinadas por algoritmos (temporariamente subsidiadas pela distribuição COMP).
Ineficiência: Taxas abaixo do ideal para empréstimos, devido aos custos inflacionados.	Taxas de juros agrupadas e otimizadas de forma algorítmica.
Falta de interoperabilidade: Não é possível redirecionar as posições fornecidas para outras oportunidades de investimento.	Posições tokenizadas via cTokens podem ser usadas para transformar ativos estáticos em geradores de rendimento.
Opacidade: Garantias pouco claras de instituições de crédito.	Índices de garantia transparentes de mutuários visíveis para todo o ecossistema.

Aave

O Aave[11] (lançado em 2017) é um protocolo de mercado de empréstimos similar ao Compound e oferece vários recursos aprimorados. O Aave oferece muitos tokens adicionais para ofertar e emprestar além daquilo que o Compound oferece. Quando este livro foi escrito, o Compound oferecia nove tokens distintos (diferentes ativos ERC-20 baseados em Ethereum), e o Aave, além desses nove, mais outros treze não oferecidos pelo Compound. Contudo, as taxas de empréstimo variáveis do Aave são mais previsíveis, porque, ao contrário do token COMP no Compound, nenhum subsídio é envolvido.

O protocolo Aave apoia a capacidade de criar novos mercados inteiramente. Cada mercado consiste de seu próprio grupo de pools de tokens, com suas correspondentes taxas de juros de oferta e empréstimo. O benefício de criar um mercado separado é que os tokens suportados pelo mercado atuam como garantia apenas nesse mercado e não podem afetar outros mercados, mitigando, assim, qualquer potencial de contágio.

Atualmente, o Aave tem dois mercados principais. O primeiro é para tokens ERC-20 mais convencionais, similar àqueles do Compound, apoiando ativos como ETH, USDC e DAI. O segundo é específico para tokens Uniswap LP. Por exemplo, quando um usuário deposita uma garantia em um mercado Uniswap (conhecido como pool de liquidez), ele recebe um token LP, que representa sua propriedade no mercado. Os tokens LP podem ser depositados no mercado Uniswap no Aave para gerar retornos adicionais.

O Aave também apoia empréstimos flash em todos os seus mercados e é o único recurso de liquidez instantânea para muitos tokens de menor capitalização. O Aave cobra uma taxa de 9 pontos base (bps) sobre o valor do empréstimo para executar um empréstimo flash. A taxa é paga ao pool do ativo e fornece um retorno adicional em investimento para fornecedores, porque cada um tem a sua porção pró-rata do pool. Um importante caso de uso para empréstimos flash é que eles permitem aos usuários acesso rápido ao capital como forma de refinanciar posições. Essa funcionalidade é crucial para o DeFi, tanto como infraestrutura geral quanto como componente de uma experiência positiva do usuário (UX).

Para dar um exemplo, imagine que o preço de ETH é 200 DAI. Um usuário fornece 100 ETH em Compound e empresta 10 mil DAI para alavancar e comprar 50 ETH adicionais, que o usuário também fornece ao Compound. Suponha que a taxa de juros do empréstimo no DAI em Compound é de 15%, mas só que no Aave é 5%. A meta é refinanciar o empréstimo para aproveitar a taxa mais baixa oferecida no Aave, que é análoga ao refinanciamento de uma hipoteca, um processo longo e caro nas finanças centralizadas.

Uma opção é desembaraçar manualmente cada negociação no Compound e refazer ambas as negociações no Aave para reconstruir a posição alavancada, mas essa opção é um desperdício em termos de taxas de negociação e de gás. O caminho mais fácil é fazer um empréstimo flash do Aave de 10.000 DAI, usá-lo para pagar o débito no Compound, retirar os 150 ETH, reabastecer para Aave e iniciar uma posição normal de empréstimo Aave (a 5% APR) contra aquela garantia para pagar o empréstimo flash (Figura 6.5). A última abordagem efetivamente ignora as etapas de troca de ETH por DAI para desembaraçar e retroceder a alavancagem.

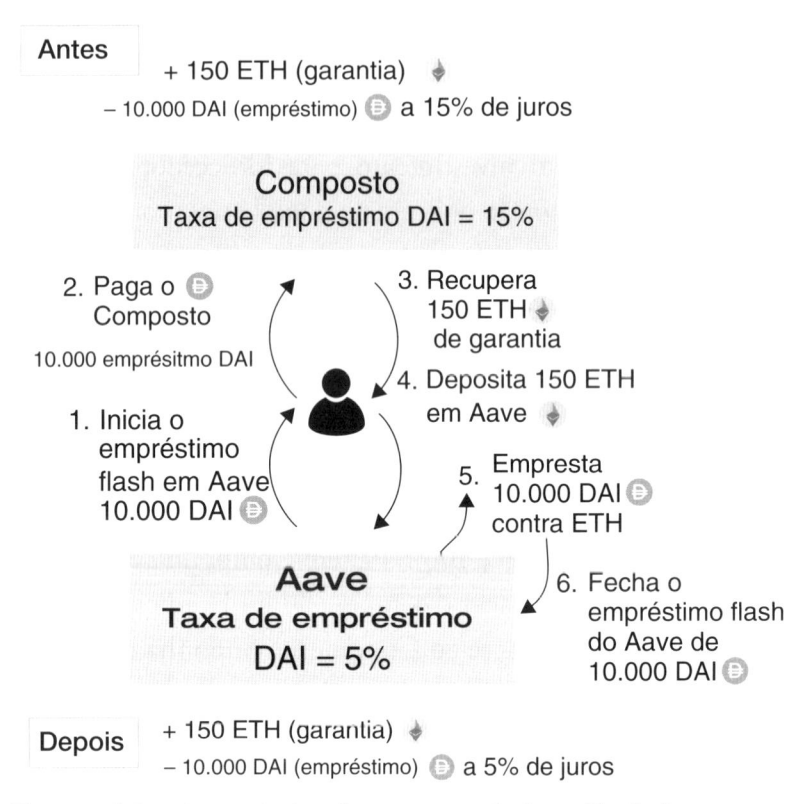

Figura 6.5 **A mecânica de um empréstimo flash Aave**

Como mostrado no exemplo anterior, um empréstimo flash usado para pagar uma posição permite aplicações para o cliente do DeFi que permitem com que os usuários migrem de uma posição alavancada de um dApp para outra com o simples apertar de um botão. Essas aplicações podem até mesmo otimizar carteiras para APR entre várias ofertas concorrentes, incluindo Maker DSR (Dai Savings Rate), Compound, dYdX e Aave.

Uma inovação Aave (e, no momento em que este livro foi escrito, exclusividade do Aave) é o empréstimo de taxa estável. (Usa o rótulo *estável* intencionalmente para evitar chamar de *taxa fixa*.) Um mutuário tem a opção de alternar entre as taxas variável e a estável atual.

A taxa de oferta é sempre variável porque, sob certas circunstâncias, como se todos os tomadores saíssem do mercado, seria impossível financiar uma taxa de oferta fixa. Os fornecedores sempre ganham coletivamente a soma dos pagamentos de juros de empréstimos estáveis e variáveis menos quaisquer taxas para a plataforma.

A taxa estável não é fixa porque é ajustável em crises de liquidez extremas e podem ser refinanciadas a uma taxa mais baixa se as condições de mercado permitirem. Além disso, existem algumas restrições em torno de quanta liquidez pode ser removida a uma taxa estável específica. As taxas de empréstimo estáveis algorítmicas fornecem valor para investidores avessos ao risco que desejam obter alavancagem sem a incerteza de uma posição de taxa variável.

O Aave está desenvolvendo um recurso de *delegação de crédito*, em que os usuários podem alocar garantias para potenciais mutuários que podem usá-las para pegar emprestado um ativo desejado. Inseguro e dependente de confiança, esse processo permite relações de empréstimo sem garantia, como nas finanças tradicionais, e potencialmente abre as comportas em termos de fontes de liquidez. Os contratos de delegação de crédito provavelmente terão taxas e pontuações de crédito para compensar o risco de empréstimos não seguros. Em última análise, o delegante tem o critério exclusivo para determinar quem é um mutuário elegível e quais termos do contrato são suficientes. É importante frisar que os termos da delegação do crédito podem ser mediados pelo contrato inteligente. Alternativamente, a liquidez delegada pode ser dada em um contrato inteligente para cumprir sua função pretendida. O benefício subjacente da delegação de crédito é que todos os empréstimos em Aave são, em última análise, lastreados por garantias, independentemente de quais sejam.

Por exemplo, um fornecedor pode ter um saldo de 40 mil DAI em Aave recebendo juros. O fornecedor quer aumentar seu lucro esperado por meio de uma delegação não segura de suas garantias a uma contraparte confiável. O fornecedor provavelmente conhece a contraparte por meio de um relacionamento fora da cadeia — talvez um cliente de banco. A contraparte pode tomar o empréstimo, por exemplo, de 100 ETH com o compromisso de pagar o ativo ao fornecedor, mais um pagamento de juros acordado. O impacto prático é que essa relação externa é insegura, porque nenhuma garantia está disponível para fazer cumprir o pagamento; a relação é baseada, essencialmente, na confiança.

Em resumo, o Aave oferece várias inovações além do empréstimo de produtos oferecidos pelo Compound e outros concorrentes. Os empréstimos flash Aave, embora não sejam únicos entre os concorrentes, proporcionam rendimento adicional aos investidores, tornando-os um mecanismo convincente para fornecer liquidez. Essas utilidades também atraem para a plataforma arbitradores e outras aplicações, que exigem liquidez rápida para seus casos de uso. Taxas de empréstimo estáveis são uma inovação chave, e o Aave é a única plataforma que as oferece atualmente. Esse recurso pode ser importante para participantes maiores, que não podem operar sob a potencial volatilidade das taxas de empréstimo variáveis.

Por fim, a delegação de crédito permite aos usuários desbloquear o valor da garantia fornecida de novas maneiras, incluindo por meio de mercados e contratos tradicionais e até mediante de camadas adicionais de contratos inteligentes que cobram uma taxa premium para compensar o risco. A delegação de crédito permite que os credores tomem suas próprias garantias na forma de ativos Ethereum não fungíveis, talvez arte tokenizada ou imóveis não suportados pelo protocolo Aave principal. Conforme o Aave continue a inovar, a plataforma continuará acumulando mais liquidez e cobrindo uma base mais ampla de possíveis casos de uso (Tabela 6.3).

Tabela 6.3   Problemas que o Aave Resolve

Problema das Finanças Tradicionais	Solução Aave
Controle centralizado: As taxas de empréstimo são controladas pelas instituições.	As taxas de juros Aave são controladas por algoritmos.
Acesso limitado: Somente grupos selecionados têm acesso a grandes quantias de dinheiro para arbitragem ou refinanciamento.	Os empréstimos flash democratizam o acesso à liquidez para empreendimentos imediatamente lucrativos.
Ineficiência: Taxas abaixo do ideal para empréstimos devido aos custos inflacionados.	Taxas de juros agrupadas e otimizadas de forma algorítmica.
Falta de interoperabilidade: Não pode monetizar ou utilizar o excesso de garantia em uma posição de empréstimo.	A delegação de crédito permite às partes usar a garantia depositada quando não precisam de liquidez de empréstimo.
Opacidade: Garantias pouco claras de instituições de crédito.	Índices de garantia transparentes de mutuários visíveis para todo o ecossistema.

EXCHANGES DESCENTRALIZADAS

Uniswap

O principal exemplo de um AMM na Ethereum é o Uniswap.[12] Concentraremos nossa discussão agora no Uniswap v2. Recentemente, a terceira iteração do Uniswap foi liberada, e a v3 será discutida posteriormente. O Uniswap v2 usa uma regra de produto constante para determinar o preço de negociação, usando a fórmula $k = x * y$, onde x é o saldo do ativo A, e y, o saldo do ativo B. O produto k é a *invariante* e é obrigado a permanecer fixo em um determinado nível de liquidez. Para comprar (sacar) algum x, algum y deve ser vendido (depositado). O preço implicado é x/y, que é um preço *neutro em risco* porque o contrato está igualmente disposto a comprar ou vender a essa taxa, desde que a invariante k seja constante.

Considere um exemplo concreto (Figura 6.6). Para simplificar, ignoraremos as taxas de transação (gás) em todos os exemplos. Presuma que um investidor no mercado Uniswap USDC/DAI tem 4 DAI (Ativo A) e 4 USDC (Ativo B). Isso define a taxa de troca instantânea em 1 DAI:1 USDC e a invariante em 16 (= $x * y$). Para vender 4 DAI por USDC, o investidor deposita 4 DAI no contrato e retira 2 USDC. Agora, o saldo de USDC é $4 - 2 = 2$, e o de DAI, $4 + 4 = 8$. A invariante permanece constante em 16. Repare que a taxa de troca efetiva agora é 2 DAI: 1 USDC. A mudança na taxa de troca se deve ao slippage*, por conta do baixo nível de liquidez do mercado. A magnitude da invariante determina a quantidade de slippage. Para estender o exemplo, imagine que o saldo é 100 DAI e 100 USDC no contrato. Agora, a invariante é 10 mil, mas a taxa de troca é a mesma. Se o investidor vende 4 DAI por USDC, agora 3,85 USDC podem ser sacados para manter a constante invariável e resultar em um slippage muito menor para uma taxa efetiva de 1,04 DAI: 1 USDC.

---

* Slippage é a diferença de preço entre a ordem dada pelo trader e a que foi efetivamente executada. Por exemplo, se o trader colocou uma ordem de compra de 1 BTC a R\$100.000, mas ela foi executada a R\$102.000, os R\$2.000 de diferença são o slippage. Ocorre com frequência em ativos de pouca liquidez, em que é difícil conseguir uma posição relevante, mas tende a ser pequeno em ativos com muita negociação, como o BTC e o ETH. [N. da RT]

A liquidez profunda ajuda a minimizar o slippage. Portanto, é importante que o Uniswap incentive os depositantes a fornecerem capital para um determinado mercado. Qualquer um pode se tornar um provedor de liquidez fornecendo ativos em ambos os lados de um mercado na taxa de troca atual.[13] Fornecer em ambos os lados aumenta o produto da quantidade de ativos (ou seja, aumenta a invariante, como mencionado na fórmula do formador de mercado). Seguindo o exemplo anterior, invariantes mais altas levam o slippages mais baixas e, portanto, a um aumento na liquidez efetiva. Podemos pensar na invariante como uma medida direta de liquidez. Em resumo, a oferta de liquidez aumenta a invariante sem efeito no preço, enquanto a negociação contra um mercado afeta o preço sem efeito na invariante.

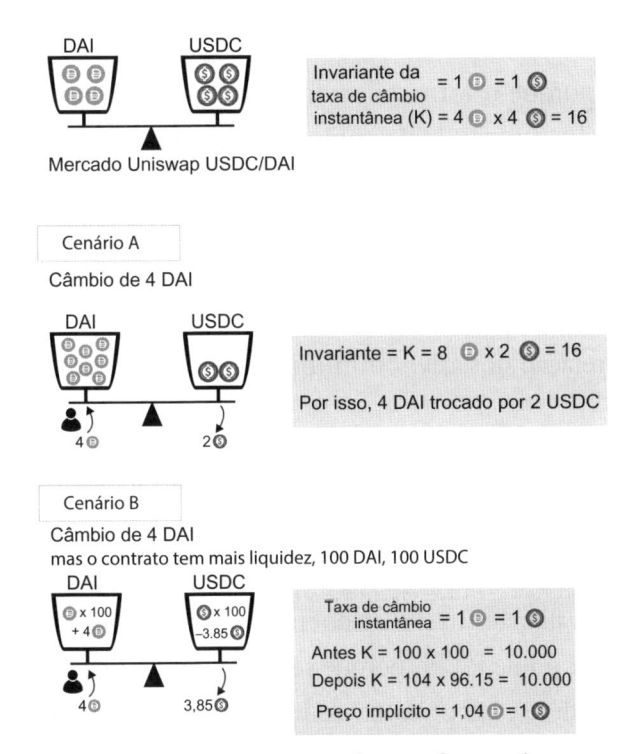

Figura 6.6 A mecânica de um formador automatizado de mercado Uniswap

Cada negociação em um mercado Uniswap tem uma taxa de 0,3% associada, que é paga de volta para o pool. Os provedores de liquidez recebem essas taxas com base em sua contribuição pró-rata para o pool de liquidez e, portanto, preferem mercados de alto volume. Esse mecanismo de cobrança de comissões é idêntico ao modelo de *cToken* do Compound. A participação acionária é representada por um token semelhante, chamado token UNI. Por exemplo, o token que representa a propriedade no pool DAI/ETH é um UNI DAI/ETH.

Os fornecedores de liquidez no Uniswap essencialmente ganham renda passiva em proporção ao volume no mercado que estão fornecendo. Na retirada, no entanto, a taxa de troca dos ativos subjacentes quase certamente terá mudado. Essa mudança cria uma dinâmica de oportunidade e custo (*perda impermanente*) que surge porque o fornecedor da liquidez simplesmente detém os ativos subjacentes e lucra com o movimento de preços. As taxas auferidas pelo volume de negociação devem exceder a perda temporária para que o fornecimento de liquidez seja lucrativo. Consequentemente, os pares de negociação de stablecoin, como USDC/ DAI, são atraentes para provedores de liquidez, porque a alta correlação dos ativos minimiza a perda temporária.

O modelo de preço Uniswap, de $k = x * y$, funciona bem se a correlação dos ativos subjacentes for desconhecida. O modelo calcula exatamente o mesmo slippage em um determinado nível de liquidez para quaisquer dois pares de negociação. Na prática, porém, devemos esperar um slippage muito menor para o par de negociação de stablecoin do que do de ETH, porque sabemos que o design do preço da stablecoin deve estar próximo de US$1. O modelo de preços Uniswap deixa a desejar para arbitradores em pares de alta correlação, como stablecoins, porque não se ajusta ao slippage padrão para baixo (altera a forma da curva de ligação) como esperado; o lucro é subtraído da liquidez dos fornecedores. Por essa razão, os concorrentes AMMs como a Curve[14] que se especializam em pares de negociação de alta correlação podem canibalizar a liquidez nesses tipos de mercados Uniswap.

Se o par ainda não existe, qualquer um pode começar um par de negociação ERC-20/ERC-20 ou ETH/ERC-20 no Uniswap simplesmente ao fornecer capital em ambos os lados.[15] O usuário determina a taxa inicial de troca, e os arbitradores devem levar o preço para o verdadeiro preço de mercado se este se desviar completamente. Os usuários da plataforma podem efetivamente negociar quaisquer dois tokens ERC-20 usando *contratos de conexão* [em inglês, "router contracts"], que determinam o caminho mais eficiente de trocas para obter ao menor slippage se nenhum par de negociação direto estiver disponível.

Uma desvantagem do modelo AMM é que ele é particularmente suscetível ao front-running. Não confundir com o front-running ilegal, que assola as finanças centralizadas. Um dos recursos do blockchain é que todas as transações são públicas. Ou seja, quando um usuário de Ethereum posta uma transação no pool de memória, isso é visível publicamente para todos os nós da Ethereum. Os front-runners podem ver essa transação — que é de informação pública — e fixar uma taxa de gás mais alta para negociar contra o par antes da transação do usuário ser adicionada ao bloco; então, eles podem negociar imediatamente na direção inversa contra o par. As estimativas de receitas front-running, que vêm diretamente às custas dos usuários, cresceram de centenas de milhares de dólares, quando o front-running foi demonstrado publicamente pela primeira vez, em 2017,[16] para centenas de milhões de dólares em meados de 2021.[17] Grandes transações, principalmente em mercados com slippage alto, são particularmente suscetíveis ao front-running. Por essa razão, o Uniswap permite aos usuários definir um slippage máximo, como cláusula da transação. Se o nível aceitável de slippage é excedido, a negociação não será executada.[18] Isso fornece um limite para o lucro, que os front-runners podem obter, mas não remove completamente o problema.

Outra desvantagem é que os lucros da arbitragem vão apenas para os arbitradores — eles não têm interesse na plataforma. Os arbitradores lucram às custas dos provedores de liquidez, que não deveriam perder o spread potencial que ganhariam em um cenário normal de criação de mercado. Plataformas concorrentes, como o Mooniswap,[19] se propõem a resolver esse problema ao fornecerem preços virtuais que se aproximam lentamente do preço real, deixando janelas de tempo mais apertadas e spreads mais baixos para os arbitradores capitalizarem. O spread adicional permanece no pool para os fornecedores de liquidez.

O Uniswap oferece um recurso interessante, chamado *flash swap*, que é similar ao empréstimo flash. No flash swap, o contrato manda tokens *antes* de o usuário pagar por eles com ativos no outro lado da relação, desbloqueando várias oportunidades para os arbitradores. O usuário pode empregar essa liquidez instantânea para adquirir outro ativo com desconto em outra exchange, antes de pagá-lo; a quantidade correspondente ao ativo alternativo deve ser paga para manter a invariante. Essa flexibilidade em um flash swap é diferente da disposição em um empréstimo flash, que exige que o pagamento ocorra com o mesmo ativo. Um aspecto chave do flash swap é que todas as negociações devem ocorrer durante uma única transação Ethereum e a negociação deve ser fechada com a quantidade correspondente do ativo complementar naquele mercado.

Considere este exemplo no mercado DAI/USDC, com um fornecimento de 100 mil, cada (Figura 6.7). Isso implica uma taxa de troca 1:1 e uma invariante de 10 bilhões. Um investidor que não tem capital inicial vê uma oportunidade de arbitragem para comprar DAI em um DEX por 0,95 USDC. O investidor pode capitalizar nesta arbitragem via troca instantânea, retirando 950 USDC da liquidez instantânea (derivada de um empréstimo flash), do mercado DAI/USDC, comprar 1.000 DAI por meio da negociação de arbitragem descrita e pagar 963 DAI de um lucro de 37 DAI — tudo feito sem capital inicial. O valor de 963 é calculado como 960 (com arredondamento para facilitar a ilustração) para manter a invariante e 10 bilhões e levar em conta algum slippage, mais uma taxa de transação de 0,30% x 960 = 3 DAI, paga no pool de propriedade dos provedores de liquidez.

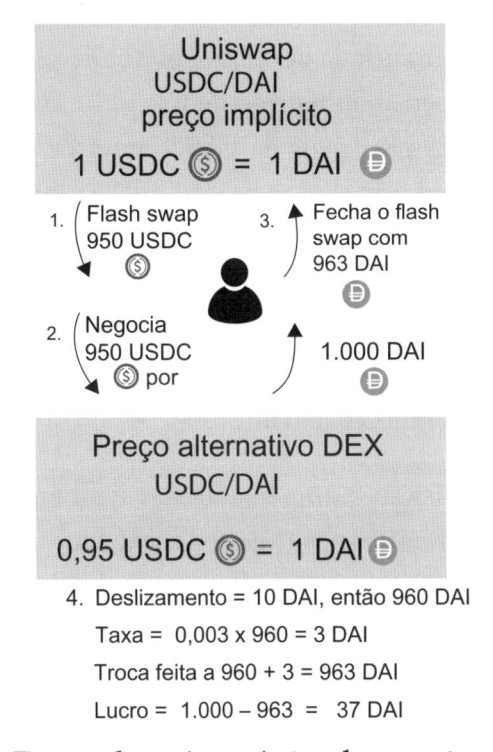

Figura 6.7   **A mecânica da troca instantânea no Uniswap**

Um ponto importante sobre o Uniswap foi o lançamento de um token de governança, em setembro de 2020, chamado UNI. Tal qual o COMP, o token de governança Compound, o UNI é distribuído aos usuários para incentivar a liquidez em pontos chave, incluindo ETH/USDC e ETH/DAI. A governança de UNI ainda tem algum controle sobre a sua própria distribuição de tokens, porque 43% do fornecimento será investido em quatro anos a um tesouro controlado pela governança de UNI. É importane citar que cada endereço único Ethereum que havia usado o Uniswap antes de uma determinada data de corte (mais de 250 mil endereços) recebeu 400 tokens UNI como um airdrop grátis. Na mesma hora, o UNI foi lançado no Uniswap e na bolsa Coinbase Pro para negociação. O preço por token abriu em torno de US$3, com um valor de mercado total de mais de US$500 milhões, no valor líquido de US$1.200 distribuído diretamente a cada usuário. Essa enxurrada de oferta pode ter levado a uma pressão de venda que derrubou o preço do token. Em vez disso, o preço do token subiu para mais de US$8, antes de se estabilizar na faixa de US$4 a US$5. Por meio do UNI, o Uniswap efetivamente fez crowdsourcing de capital para construir e escalar seus negócios que alcançaram uma avaliação de unicórnio por um curto período de tempo. Isso demonstra o valor que a comunidade atribui ao token e à plataforma, porque a maior parte da oferta ainda é de quem recebeu o airdrop.

Como prova de que o Uniswap é uma boa ideia, ele foi amplamente copiado pelo Sushiswap.[20] Além disso, o CFMM foi generalizado pelo Balancer,[21] em que mais de dois mercados podem ser suportados em um pool de liquidez. Além disso, os ativos podem ser arbitrariamente ponderados (atualmente, o Uniswap exige valor igual).[22] E mais: o criador do pool de liquidez define as taxas de transação.

Em março de 2021, a equipe do Uniswap lançou um cronograma e um plano de atualização para o protocolo Uniswap. Denominado Uniswap v3, a equipe do Uniswap propôs várias mudanças no modelo provisional de liquidez do protocolo, afastando-se da fórmula de produto constante descrita anteriormente e em direção a um modelo que se assemelha a um livro de ordens limitado em cadeia.[23] Essa mudança aumenta a flexibilidade do Uniswap, permitindo aos usuários e fornecedores de liquidez personalizar curvas e gerenciar mais ativamente suas posições de liquidez e controlar seus perfis de retorno. O Uniswap v3 foi lançado em 5 de maio de 2021 e, no momento em que este livro foi escrito, o volume de negócios no v3 já havia excedido o do v2.[24]

O Uniswap é uma estrutura crítica para as aplicações DeFi, e é importante ter trocas operacionais sempre que necessário. O Uniswap oferece uma abordagem única para gerar rendimentos nos ativos dos usuários por ser um provedor de liquidez. A funcionalidade de trocas instantâneas da plataforma ajuda os arbitradores a manter mercados eficientes e desbloqueia novos casos de uso para os usuários, que podem acessar qualquer token ERC-20 listado, podendo, inclusive, criar tokens completamente novos por meio de um IDO. Conforme o volume de AMM cresce em Ethereum e novas plataformas surgem com modelos competitivos, o Uniswap continuará a ser um líder e exemplo de infraestrutura crítica daqui para a frente (Tabela 6.4).

Tabela 6.4   Problemas que o Uniswap Resolve

Problemas das Finanças Tradicionais	Solução do Uniswap
Controle centralizado: Trocas que controlam quais pares de negociação são suportados.	Permite a qualquer um criar um novo par de negociação, se ainda não existir, e roteia automaticamente as negociações pelo caminho mais eficiente se não existir um par direto.
Acesso limitado: As melhores oportunidades de investimento e retornos da oferta de liquidez são restritos a grandes instituições.	Qualquer um pode se tornar um fornecedor de liquidez e receber taxas com isso. Qualquer projeto pode listar seu token no Uniswap para dar a qualquer pessoa acesso a um investidor.
Ineficiência: Normalmente, as negociações exigem duas partes para liquidar.	Um AMM que permite acesso constante para negociação contra o contrato.
Falta de interoperabilidade: A capacidade de trocar ativos em uma bolsa não é facilmente usada em outra aplicação financeira.	Qualquer troca de token necessária para um aplicativo DeFi pode utilizar o Uniswap como um recurso incorporado.
Opacidade: Não se sabe se a troca realmente tem o saldo inteiro de todos os usuários.	Níveis transparentes de liquidez na plataforma e precificação algorítmica.

DERIVATIVOS

Yield Protocol

A Yield Protocol[2] propõe um modelo derivativo para títulos garantidos de cupom zero. Essencialmente, o protocolo define um *yToken* para ser um token ERC-20 (fungível) que liquida em alguma quantidade fixa de um ativo alvo em uma data especificada. O contrato especificará que os tokens — que têm o mesmo vencimento, ativo alvo, ativo de garantia e índice de garantia — são fungíveis. Eles são assegurados pela garantia do ativo e têm uma taxa de manutenção de garantia exigida similar, por exemplo, ao MakerDAO e outras plataformas DeFi já discutidas. Se o valor da garantia cair abaixo do requisito de manutenção, a posição pode ser liquidada com algumas ou todas as garantias vendidas para cobrir a dívida.

O mecanismo para liquidação do yToken ainda não foi definido, mas uma solução proposta é a liquidação "em dinheiro", o que significa pagar uma quantia equivalente da garantia do ativo no valor da quantia especificada no ativo alvo. Por exemplo, se o ativo alvo é de 1 ETH assegurado por 300 DAI e, até o vencimento, 1 ETH = 200 DAI, uma liquidação em dinheiro pagaria 200 DAI e retornaria um excesso de garantia de 100 DAI ao vendedor do yToken. A outra solução comumente proposta é a liquidação "física", que vende automaticamente garantias para o ativo alvo no vencimento (talvez no Uniswap) para pagar no ativo alvo. Usando os mesmos números do exemplo anterior, o proprietário do yToken receberia 1 ETH, e o vendedor receberia um pouco menos da garantia restante, provavelmente em torno de 95 DAI, após as taxas de troca. O yToken efetivamente permite emprestar e tomar emprestado com taxa fixa, usando o retorno implícito sobre o preço com desconto do token face o valor alvo.

Podemos ilustrar assim: imagine que um usuário tem um yToken com o ativo alvo de 1 DAI apoiado por ETH. A data de vencimento está um ano à frente, e o yToken é negociado a 0,92 DAI. Efetivamente, a compra de yToken assegura uma taxa de juros fixa de 8,7%, mesmo em caso de liquidação. Se for uma liquidação normal, a garantia será vendida para cobrir a posição, como mostrado na Figura 6.8.

Uma terceira opção atraente para liquidação (além do dinheiro e da física) é a liquidação "sintética". Aqui, o ativo subjacente não é pago diretamente, mas transferido para um valor equivalente desse pool de ativos em uma plataforma de empréstimos, como o Compound. A liquidação sintética significa que o yDAI pode ser liquidado em cDAI, convertendo a taxa fixa em flutuante. O comprador pode fechar à posição e resgatar cDAI por DAI à vontade. O Yield Protocol lida com todas essas conversões para os usuários de forma que a experiência do usuário simplesmente gire em torno do ativo de destino.

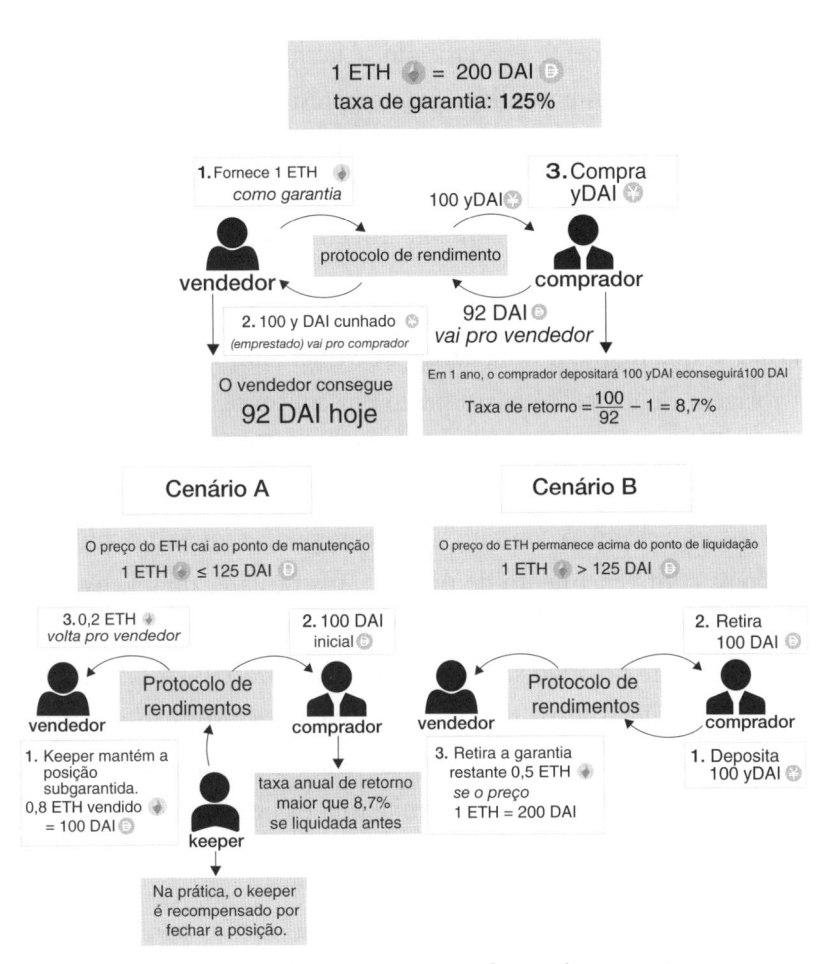

Figura 6.8   A mecânica das taxas fixas de empréstimo no Yield Protocol

No white paper do Yield Protocol,[26] os autores discutiram aplicações interessantes da perspectiva do investidor. Um investidor pode comprar yTokens para emprestar sinteticamente o ativo alvo. O investidor pagaria uma quantia X ao ativo agora para comprar os yTokens. Após a liquidação, o investidor recebe X + juros. Essa transação financeira, no total, é funcionalmente um empréstimo do ativo total. Repare que os juros estão implícitos no preço, e não em um valor diretamente especificado. Alternativamente, os yTokens podem ser criados e vendidos para empréstimos sintéticos do ativo alvo, significando que o valor X do ativo é recebido agora (o valor nominal), com a promessa de pagar X + juros no futuro. Essa transação financeira é funcionalmente um empréstimo do ativo alvo.

Aplicações adicionais incluem um produto perpétuo em cima de yTokens que mantêm uma carteira de diferentes vencimentos e faz a rolagem de lucros de curto prazo em contratos yToken de longo prazo. Por exemplo, a carteira pode incluir yTokens de vencimento de três, seis e nove meses mais um ano; uma vez que os tokens de três meses vencem, o contrato inteligente pode reinvestir o saldo em yTokens com vencimento de um ano. Os titulares de tokens nesse fundo estariam essencialmente experimentando um rendimento de taxa flutuante no ativo subjacente com atualizações de taxa a cada três meses. Os yTokens também permitem a construção de curvas de rendimentos analisando os rendimentos implícitos de contratos de curto e longo prazo. Isso permite que os observadores quantifiquem o sentimento do investidor em vários ativos alvo suportados.

O Yield Protocol pode ser usado diretamente para especulação em taxas de juros. Vários ativos derivativos DAI — Compound cDAI, Aave aDAI e Chai[25] — representam uma taxa de juros variável. Pode-se imaginar um vendedor de yDAI usando um desses ativos derivativos de DAI como garantia. O efeito dessa transação é que o vendedor paga uma taxa fixa em yDAI ao receber a taxa variável sobre a garantia. Essa é uma aposta de que as taxas aumentarão. Da mesma forma, a compra de yDAI (de qualquer tipo de garantia) é uma aposta de que as taxas variáveis não aumentarão além da taxa fixa recebida.

O Yield é um protocolo importante, que fornece produtos de taxa fixa para Ethereum. Pode ser totalmente integrado com outros protocolos, como o MakerDAO e o Compound, para criar aplicativos robustos com juros para investidores. A demanda por componentes de renda fixa crescerá à medida que os principais investidores começarem a adotar o DeFi com carteiras que precisam desses tipos de ativos (Tabela 6.5).

Tabela 6.5   Problemas que o Yield Protocol Resolve

Problemas das Finanças Tradicionais	Solução Yield
Controle centralizado: Instrumentos de renda fixa amplamente restritos a governos e grandes corporações.	O Yield Protocol é aberto a partes de qualquer tamanho.
Acesso limitado: Muitos investidores têm acesso limitado para comprar ou vender investimentos sofisticados de renda fixa.	O Yield permite que todos os participantes de mercado comprem ou vendam um ativo de renda fixa que se liquide em um ativo alvo de sua escolha.
Ineficiência: As taxas de renda fixa são mais baixas devido às camadas de gordura nas finanças tradicionais.	A infraestrutura enxuta em execução no Ethereum permite taxas mais competitivas e diversos pools de liquidez devido à eliminação de intermediários.
Falta de interoperabilidade: Geralmente, os instrumentos de renda fixa liquidam em dinheiro que o investidor deve determinar como alocar.	Os yTokens podem liquidar em qualquer ativo alvo de Ethereum e até liquidar sinteticamente em um protocolo de empréstimo de taxa flutuante para preservar os retornos.
Opacidade: Risco e incerteza da contraparte em acordos tradicionais.	Garantia clara publicamente conhecida no blockchain Ethereum que apoia o investimento.

dYdX

O dYdX[26] é especializado em derivativos e negociações de margem, que atualmente suporta uma variedade de criptomoedas, além de ETH e BTC. A empresa tem uma DEX para negociações à vista que permite aos investidores trocar esses ativos contra o atual bid–ask no livro de ordens e usa uma abordagem híbrida de cadeia on–off. Essencialmente, os armazéns dYdX *assinaram,* ou pré-aprovaram, ordens sem enviar à Ethereum; eles usam criptografia para garantir que são usados apenas para trocar fundos pelo ativo desejado, pelo preço desejado. O DEX suporta ordens limitadas e um parâmetro de *slippage máximo* para ordens de mercado, em um esforço para mitigar o slippage associado a movimentos de preços de front-running.

O dYdX fornece aos formadores de mercado e investidores o software de código aberto e uma interface de usuário necessária para interagir com o DEX. Fazer com que o dYdX faça a correspondência de ordens introduz um certo elemento de confiança, porque a estrutura pode estar em um período de inatividade ou não postar transações por algum motivo. Permitir que o dYdX faça essa correspondência traz um pequeno ou nenhum risco de que a empresa "roube" os fundos do usuário, porque os pedidos assinados só podem ser usados da forma como foram planejados no contrato inteligente. Quando os pedidos são correspondidos, eles são submetidos ao blockhain da Ethereum, onde o contrato inteligente facilita a liquidação.

Além disso, um investidor pode assumir uma posição longa ou a descoberto alavancada até dez vezes, usando garantias com margem. As posições podem ser isoladas para que um único depósito de garantia seja usado ou com margens cruzadas, para agrupar os saldos do investidor para garantia. Como outros protocolos, o dYdX tem um requisito de margem de manutenção que, se não for mantido, desencadeia a liquidação da garantia para fechar a posição. A liquidação pode ser executada por keepers externos, que são pagos para encontrar e liquidar posições ocultas, semelhante ao processo seguido pelo MakerDAO.

O dYdX oferece empréstimos similares ao Compound e ao Aave. Também oferece empréstimos flash gratuitos (o que não ocorre no Aave), o que o torna uma escolha popular para liquidez instantânea de DAI, ETH e USDC. No mundo dos contratos inteligentes abertos, faz sentido que as taxas de empréstimos flash fossem levadas a zero, uma vez que são livres de risco. As taxas de empréstimo são determinadas pela duração do empréstimo e pelo risco relativo de inadimplência. Para empréstimos flash, o reembolso é imposto algoritmicamente, e o tempo é infinitesimal. Em uma transação simples, somente o usuário pode fazer chamada de função ou transferência; nenhum outro usuário Ethereum pode mover fundos ou fazer qualquer mudança enquanto uma transação de outro usuário estiver ocorrendo, resultando em nenhum custo de oportunidade para o capital. Assim, como esperado, um participante do mercado que oferece empréstimos flash gratuitos atrairá mais uso para a sua plataforma. Como os empréstimos flash não exigem nenhum capital inicial, eles democratizam o acesso a fundos para vários casos de uso. No exemplo do Aave, mostramos como os empréstimos flash podem ser usados para refinanciar um empréstimo. Ilustraremos agora o uso dos empréstimos flash para capitalizar em uma oportunidade de arbitragem.

Imagine que uma taxa de troca efetiva de 1.000 DAI por ETH em Uniswap é 6 ETH/1.000 DAI. (A taxa de troca instantânea seria diferente, devido ao slippage.) Além disso, imagine que o dYdX DEX tem um preço spot ask de 5 ETH por 1.000 DAI (ou seja, o ETH é muito mais caro no dYdX do que no Uniswap). Para capitalizar nessa oportunidade de arbitragem sem nenhum capital além da taxa de gás, o investidor pode executar o empréstimo flash para emprestar 1.000 DAI, trocá-lo no Uniswap por 6 ETH e usar cinco desses ETH para negociar 1.000 DAI no dYdX. Por fim, o investidor pode pagar o empréstimo flash com 1.000 DAI e embolsar o lucro de 1 ETH. Tudo isso em uma única transação; múltiplas execuções de contrato podem acontecer em uma única transação no blockchain de Ethereum (Figura 6.9).

Os principais produtos derivativos oferecidos pelo dYdX são os futuros perpétuos de ETH e BTC. No momento em que este livro foi escrito, o dYdX também oferecia outros onze futuros de criptomoedas. Um contrato de futuro perpétuo é similar ao tradicional contrato de futuros, mas sem data de vencimento. Ao firmar um contrato futuro perpétuo, o investidor está simplesmente apostando no preço futuro de um ativo. O contrato pode ser longo ou a descoberto e com ou sem alavancagem; ele usa um índice de preços baseado na média de preços do ativo subjacente nas principais bolsas.[27] O investidor deposita a garantia de margem e escolhe uma direção e quantidade de alavancagem. Dependendo da demanda do investidor, o contrato pode ser negociado a um prêmio ou desconto do índice de preços (BTC).

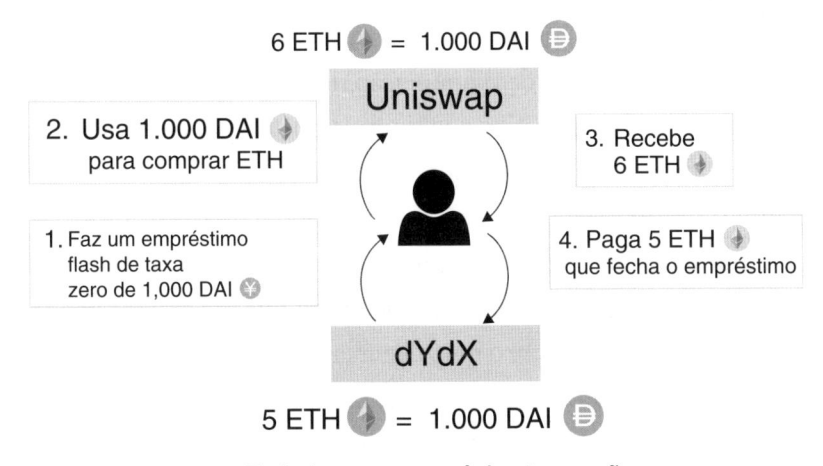

Figura 6.9 A mecânica da arbitragem com dYdX

Uma taxa de captação, paga de um lado para o outro, mantém o preço futuro próximo ao índice. Se o contrato futuro é negociado a um prêmio do índice, a taxa de financiamento seria positiva e os longos pagariam a descoberto. A magnitude da taxa de captação é função da diferença de preço em relação ao índice. Da mesma forma, se o contrato estiver sendo negociado com desconto, as posições a descoberto pagam as longas. A taxa de captação incentiva os investidores a assumirem o lado contrário da maioria para manter o preço do contrato próximo ao índice.[28] Enquanto a margem exigida for mantida, o investidor pode sempre fechar a posição pela diferença do preço da posição nocional menos qualquer saldo negativo mantido na margem.

Assim como um contrato futuro tradicional, o perpétuo tem duas margens: inicial e de manutenção. Imagine que a margem inicial é de 10%. Isso significa que o investidor precisa depositar uma garantia (ou patrimônio) no valor de 10% do ativo subjacente. Um contrato futuro longo permite que o investidor compre o ativo a um preço definido no futuro. Se o preço de mercado subir, o investidor pode comprar o ativo a um preço menor do que o de mercado e lucrar com a diferença entre o preço de mercado e o do contrato. Uma posição a descoberto trabalha de forma similar, exceto que o investidor concorda em vender o ativo a um preço fixo. Se o preço de mercado cair, o investidor pode comprar o ativo no mercado aberto e vender a um preço mais alto, estipulado em contrato. O lucro é a diferença entre os preços de mercado e do contrato.

O risco é quando o preço se move contra o investidor. Por exemplo, se o investimento for longo, com uma margem de 10%, e o preço de mercado cai 10%, a garantia acaba, porque a diferença entre comprar no preço de contrato e vender no mercado aberto (com prejuízo) anula o valor da garantia. Cumpre salientar que futuros são diferentes de opções. Se o preço do ativo subjacente move da forma errada no contrato de opções, o titular pode sair do negócio: o exercício da opção é discricionário — por isso é chamado de opção —, e nenhum investidor exerceria uma opção para garantir uma perda. Em futuros, no entanto, há obrigações. Assim, as bolsas tradicionais têm mecanismos que buscam minimizar a chance de o titular do contrato inadimplir em uma posição perdedora.

A margem de manutenção é a ferramenta principal para minimizar a inadimplência. Imagine que a margem de manutenção é de 5%.

Em uma bolsa de futuros tradicional, se o preço cai 5%, os investidores são obrigados a reabastecer a garantia para trazê-lo de volta para 10%. Se os investidores não fizerem isso, a bolsa liquida a posição. Um mecanismo similar ocorre no dYdX, mas com diferenças importantes. Primeiro, se qualquer posição cai 5%, os keepers iniciam a liquidação. Se alguma garantia permanecer, eles a manterão como recompensa. Segundo, a liquidação é quase instantânea. Terceiro, não existe bolsa centralizada. Quarto, os contratos dYdX são perpétuos, enquanto os das bolsas tradicionais normalmente têm uma data de vencimento fixa.[29]

Considere o exemplo a seguir. Suponha que o índice de preços BTC é de 10.000 USDC/BTC. Se um investidor começar uma posição longa depositando 1.000 USDC como margem (garantia), cria uma aposta alavancada no preço do BTC. Se o preço aumenta 5%, o lucro é de 500. Uma vez que o investidor depositou apenas 1.000, sua taxa de retorno é de 50%, ou (1.000 – 500) / 1.000.

Também podemos pensar nessa mecânica de outra forma. Tomando uma posição longa de 10 mil, o investidor se compromete a comprar a 10 mil, e a obrigação é de 10 mil. Pense na obrigação como um saldo negativo porque o investidor não paga 10 mil de acordo com o contrato. Ele já comprometeu garantias de 1.000 e deve 9 mil. De outro lado, o investidor comprometeu esses fundos para comprar um ativo, 1 BTC. Ele tem, assim, um saldo positivo de 10 mil, o preço atual. O índice de garantia é 10.000 / 9.000 = 111%, que é uma porcentagem de margem de 11% e é quase a quantidade máxima de alavancagem permitida (margem de 10%).

Intuitivamente, isso ocorre de forma similar para uma posição a descoberto. O investidor se comprometeu a vender 10 mil, que é um saldo positivo e suplementado por um depósito marginal de 1.000 (totalizando 11 mil). O saldo negativo do investidor é a obrigação de comprar 1 BTC, atualmente valendo 10 mil. O índice de garantia é 11.000 / 10.000, o que corresponde a uma margem de 10%.

Vamos agora seguir a mecânica de uma posição a descoberto quando o ativo subjacente (BTC) aumenta em valor em 5%. Se o preço do BTC aumenta para 10.500 (aumento de 5%), a porcentagem de margem torna-se (11.000 / 10.500) – 1 = 4,76%, e a posição curta fica sujeita à liquidação. O saldo líquido da posição é de US$500, o incentivo para o liquidante fechar a posição e cobrar o saldo. A Figura 6.10 revisa a mecânica de uma posição longa.

O contrato de futuro perpétuo BTC do dYdX permite que os investidores acessem os retornos do BTC de forma nativa no blockchain Ethereum, podendo fornecer qualquer ativo ERC-20 como garantia. Os futuros perpétuos estão crescendo em popularidade e essa funcionalidade pode continuar atraindo liquidez ao longo do tempo.

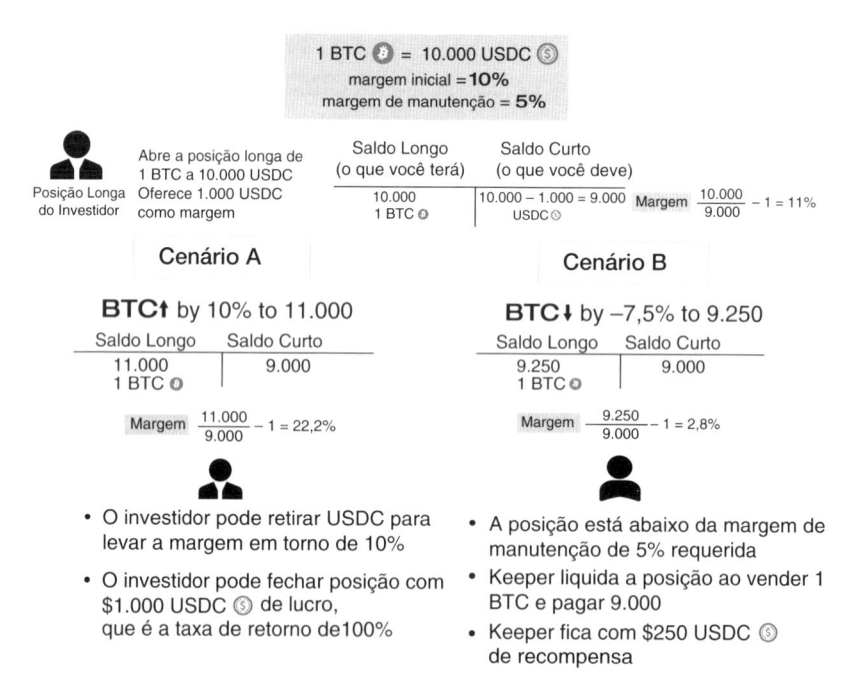

Figura 6.10   Futuros perpétuos com dYdX

Tabela 6.6 Problemas que o dYdX Resolve

Problema das Finanças Tradicionais	Solução dYdX
Controle centralizado: As taxas de empréstimo são controladas pelas instituições.	As taxas dYdX são determinadas algoritmicamente com base em fórmulas transparentes e claramente delineadas (geralmente, taxas de utilização do pool de ativos).
Acesso limitado: Dificuldade de acesso a oportunidades de investimento em USD de alto rendimento ou empréstimos competitivos, bem como futuros e derivativos. O acesso ao capital para empresas imediatamente lucrativas é limitado.	Capacidade aberta de emprestar ou pegar emprestado quaisquer ativos suportados a taxas competitivas determinadas por algoritmos. Inclui um contrato futuro perpétuo que pode apoiar sinteticamente qualquer ativo. Os empréstimos flash gratuitos dão aos desenvolvedores acesso a grandes quantias de capital para capitalizar em arbitragem ou outras oportunidades de lucro.
Ineficiência: Taxas abaixo do ideal para empréstimos, devido aos custos inflacionados.	Taxas de juros agrupadas e otimizadas por algoritmos. Empréstimos flash gratuitos oferecidos para casos de uso imediatos.
Falta de interoperabilidade: Dificuldade para redirecionar fundos dentro de um instrumento financeiro.	Os empréstimos flash podem usar imediatamente a totalidade do AUM para oportunidades externas sem risco ou perda para os investidores.
Opacidade: Garantias pouco claras de instituições de crédito.	Os índices transparentes de garantia dos mutuários são visíveis para todo o ecossistema.

Synthetix

Muitos derivativos tradicionais têm uma contraparte descentralizada. O DeFi, no entanto, permite novos tipos de derivativos por causa dos contratos inteligentes. O Synthetix[30] está desenvolvendo um novo tipo de derivativo.

Imagine criar um criptoativo derivado, cujo valor é baseado em um ativo subjacente que não é de propriedade nem garantido. O Synthetix é um grupo cujo foco primário é criar uma ampla variedade de derivativos sintéticos líquidos. Seu modelo é, em alto nível, direto e inovador. A empresa emite *Synths*, tokens cujos preços são atrelados a um *feed* de preço subjacente e são lastreados por garantias. O DAI do MakerDAO também é um ativo sintético. O feed de preço vem de oracles Chainlink[31] descentralizados.[32] Os Synths, teoricamente, podem rastrear qualquer ativo, longo ou a descoberto, e até alavancar posições. Na prática, não há alavancagem, e os principais ativos rastreados são criptomoedas, moedas fiduciárias e ouro.

Um Synth longo é chamado de *sToken*, por exemplo, um sUSD ou um sBTC. O sUSD é sintético porque seu valor é baseado em um feed de preços. Um Synth a descoberto é chamado de *iToken*, por exemplo, um iETH ou um iMKR. O Synthetix também tem uma plataforma de tokens, chamada SNX. Esse não é um token de governança, como o MKR e o COMP, mas um *token de utilidades* ou um *token de rede*, o que significa que permite o uso da funcionalidade Synthetix como seu único recurso. A SNX serve como único ativo de garantia para todo o sistema. Quando os usuários criam Synths contra sua SNX, eles contraem uma dívida proporcional ao total da dívida em aberto denominada em USD. Eles se tornam *responsáveis* por essa porcentagem da dívida no sentido de que, para desbloquear sua garantia SNX, precisam devolver o valor total em USD de sua dívida. A dívida global de todos os Synths é, portanto, compartilhada coletivamente por todos os titulares de Synth com base na porcentagem denominada em dólares da dívida que tinham quando abriram suas posições. O total da dívida denominada em USD muda quando o preço de qualquer Synth flutua, e cada titular permanece responsável pela mesma porcentagem pela qual era responsável quando criaram seus Synths. Portanto, quando os Synths de um titular de SNX superam o pool coletivo, o titular efetivamente lucra, e vice-versa, porque o valor de seu ativo (sua posição Synth) superou o crescimento da dívida (a soma de todas as dívidas em sUSD).

Como exemplo, três investidores têm US\$20 mil cada, de uma dívida total de US\$60 mil: um detém 2 sBTC ao preço de US\$10 mil cada, outro detém 100 sETH ao preço de US\$200 cada, e o terceiro detém 20 mil sUSD ao preço de US\$1 cada. Cada um tem uma proporção de dívida de 33,3%. Se o preço do BTC dobrar para US\$20 mil e o do ETH subir para US\$1.000, a dívida total se torna US\$160.000 = US\$40.000 (sBTC) + US\$100.000 (sETH) + US\$20.000 (sUSD).[33] Como cada investidor é responsável por 33,3%, em torno de US\$53.300, cada detentor de sETH lucra, mesmo que o preço do BTC dobre. Se o preço do BTC cair para US\$5 mil, e o do ETH, para US\$100, a dívida total cairá para US\$40 mil e o detentor de sUSD será o único que lucrará. A Figura 6.11 detalha esse exemplo.

A plataforma tem um DEX nativo que trocará quaisquer dois Synths à taxa cotada pelo oracle. Os investidores pagam as taxas de câmbio para um pool de taxas resgatáveis pelos titulares do

SNX na proporção de sua porcentagem da dívida. Os contratos obrigam os detentores do SNX a resgatarem suas taxas somente se mantiverem um índice de garantia suficiente em relação à sua parcela da dívida. O índice de garantia exigido para criar Synths e participar de stakings de recompensas é alto: atualmente, 750%. O protocolo Synthetix também cria novos tokens SNX via inflação para recompensar acionistas no ecossistema por contribuírem com valores. O protocolo distribui as recompensas como um bônus de incentivo por manterem um índice de garantia alto ou um aumento da liquidez do SNX.

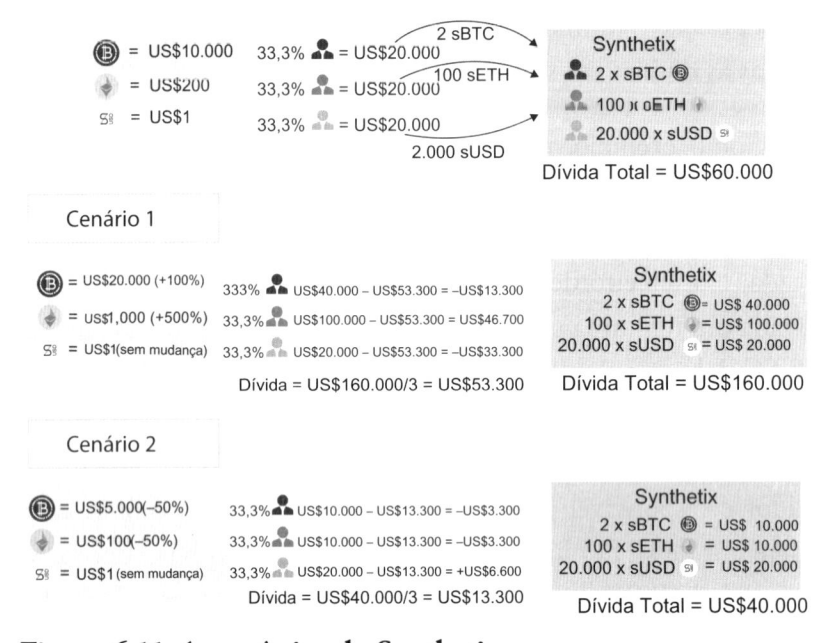

Figura 6.11 A mecânica do Synthetix

No momento em que este livro foi escrito, havia 36 criptosynths disponíveis para negociar e 7 moedas synths estrangeiras. O Synthetix também permite aos usuários negociar certos títulos, bem como ouro e petróleo. O protocolo também está começando a oferecer uma interface binária de negociação de opções, expandindo ainda mais sua capacidade. A plataforma pode facilmente ganhar popularidade porque não há slippage contra o feed de preços; no entanto, os modelos de liquidez conjunta e dívida compartilhada oferecem desafios interessantes (Tabela 6.7).

Tabela 6.7   Problemas que o Synthetix Resolve

Problemas das Finanças Tradicionais	Solução do Synthetix
Controle centralizado: Normalmente, os ativos podem ser comprados e vendidos em trocas registradas.	Oferece ativos sintéticos em um só lugar que pode rastrear qualquer ativo do mundo real.
Acesso limitado: O acesso a certos ativos é limitado geograficamente.	Qualquer um pode acessar o Synthetix para comprar e vender Synths. Pode haver algumas restrições para Synths que são títulos.
Ineficiência: Grandes compras de ativos sofrem slippage à medida que os investidores consomem o pool de liquidez.	As taxas de câmbio dos synths são apoiadas por um feed de preços, o que elimina o slippage.
Falta de interoperabilidade: Os ativos do mundo real, como as ações, não podem ser facilmente representados diretamente em blockchain	As representações de synths de ativos reais são totalmente comparáveis com Ethereum e outros protocolos DeFi.
Opacidade: Falta de transparência nos mercados tradicionais de derivados.	Todos os projetos e recursos baseados em protocolo são financiados e votados de forma transparente no DAO

TOKENIZAÇÃO

Tokenização se refere ao processo de pegar algum ativo ou pacote de ativos, dentro ou fora da cadeia, e

1. representar esse ativo na cadeia com a possibilidade de titularidade fracionada; ou

2. criar uma composição de tokens que detenha algum número de tokens subjacentes.

Um token pode estar em conformidade com diferentes especificações com base no tipo de propriedades que um usuário deseja que o token tenha. Como mencionado anteriormente, o padrão mais popular de token é o ERC-20, o padrão de tokens fungíveis. Essa interface define abstratamente como deve se comportar um token que tem unidades não exclusivas e intercambiáveis (como o USD). Uma alternativa é o padrão ERC-721, que define os tokens não fungíveis (NFTs). Esses tokens são únicos, como o token que representa a titularidade de uma peça de arte ou um ativo digital específico de um game. Os aplicativos DeFi podem tirar vantagem desses e de outros padrões para apoiar qualquer token usando o padrão ao simplesmente codificar para o padrão único.

Set Protocol

O Set Protocol[34] oferece uma abordagem de "token composto" para a tokenização. Em vez de tokenizar ativos não nativos para Ethereum, o Set Protocol combina os tokens Ethereum em tokens compostos que funcionam mais como fundos negociados em bolsas (ETFs). O Set Protocol combina criptoativos em *Sets*, que são os tokens ERC-20 e totalmente garantidos pelos componentes depositados no contrato inteligente. Um token Set é sempre resgatável por seus componentes. Os Sets podem ser estáticos ou dinâmicos, baseado na estratégia de negociação. Os Sets estáticos são fáceis de entender e são simplesmente tokens agrupados, com os quais o investidor se preocupa; o pool resultante pode ser transferido como uma única unidade.

Os Sets dinâmicos definem uma estratégia de negociação que determina quando as realocações podem ser feitas e em que momento. Alguns exemplos incluem os Sets de "Média Móvel", que alteram entre 100% ETH e 100% USDC sempre que o ETH cruza sua média móvel simples ou exponencialmente ponderada do dia X. Similar às ETFs normais, esses tokens Set têm taxas e, às vezes, incentivos relativos ao desempenho. Na criação do Set, o gerente programa as taxas previamente, que são pagas diretamente ao gerente para aquele Set específico. As opções de taxas disponíveis são a taxa de compra (taxa de abertura front-end), a taxa de streaming (taxa de administração) e a taxa de desempenho (porcentagem dos lucros sobre uma margem superior). O Set Protocol atualmente não retém taxas para si, embora possa adicioná-las no futuro. Os preços e retornos do Set Protocol são calculados via feed de preços do oracle, disponíveis publicamente no Maker-DAOs, que também são usados pelo Synthetix. O principal valor agregado dos pools dinâmicos é que as estratégias de negociação são codificadas publicamente em um contrato inteligente para que os usuários saibam exatamente como seus fundos estão sendo alocados e possam resgatar facilmente a qualquer momento.

O Set Protocol também é um recurso *Social Trading*, no qual um usuário pode comprar um Set cuja carteira é restrita a certos ativos com realocações controladas por um único investidor. Como essas carteiras são gerenciadas ativamente, elas funcionam muito mais como fundos mútuos ou de hedge. Os benefícios são similares, pois o gestor de carteira tem um conjunto predefinido de ativos para escolher e os usuários se beneficiam dessa transparência imposta pelo contrato.

Por exemplo, um gestor de carteira de um Set tem uma meta de "comprar na baixa e vender na alta" no ETH. Os únicos ativos que ele pode utilizar são ETH e USDC, e as únicas alocações permitidas são de 100% ETH e 100% USDC. A seu exclusivo critério, ele pode acionar uma função de contrato para reequilibrar a carteira inteiramente em um ativo ou outro; essa é a única decisão de alocação que ele pode fazer. Presuma que ele comece com 1.000 USDC. O preço do ETH cai para 100 USDC/ETH, e ele decide comprar. Ele pode lançar um rebalanço para ter 10 ETH no Set. Se o preço do ETH dobra para US$200, o Set inteiro agora vale US$2 mil. Um acionista que detém 10% do Set pode resgatar suas ações por 1 ETH.

Os Sets podem democratizar a gestão de patrimônio no futuro, sendo mais ponto a ponto, permitindo que os gestores de fundos obtenham exposições de investimento por meio de canais não tradicionais e dando aos investidores acesso aos melhores gerentes. Um aprimoramento adicional que muitos Sets aproveitam é que seus componentes usam cTokens, a versão de tokens investida em Compounds. Entre os reequilíbrios, os tokens ganham juros por meio do protocolo Compound. Este é um exemplo de plataformas DeFi sendo composta para criar novos produtos e valor para os investidores.

Tabela 6.8 Problemas que o Set Protocol Resolve

Problema das Finanças Tradicionais	Solução do Set Protocol
Controle centralizado: Os gestores de fundos podem controlar seus fundos contra a vontade dos investidores.	Impõe a soberania do investidor sobre seus fundos no nível do contrato inteligente.
Acesso limitado: Gestores de fundos talentosos muitas vezes não conseguem obter exposições e capital para administrar um fundo de sucesso.	Permite que todos se tornem gestores de fundos e exibam suas habilidades usando recursos de negociação social.
Ineficiência: Muitos surgem de práticas inadequadas.	Estratégias de negociação codificadas em contratos inteligentes levam à execução ideal.
Falta de interoperabilidade: Dificuldade de combinar ativos em novos pacotes e incorporar os ativos combinados em novos produtos financeiros.	Tokens Set compatíveis com ERC-20 que podem ser usados sozinhos em outros protocolos DeFi. Por exemplo, o Aave permite o empréstimo de tokens Set para alguns Sets populares.
Opacidade: Dificuldade de saber a repartição dos ativos em um ETF ou fundo mútuo em um determinado momento.	Transparência total em novas estratégias e alocação de tokens Set.

Wrapped Bitcoin

A aplicação wrapped bitcoin (wBTC)[35] usa a abordagem de *representação de ativos fora da cadeia na cadeia* para tokenização, especificamente para BTC. De maneira abstrata, o wBTC permite que o BTC seja incluído como garantia ou liquidez em todas as plataformas Ethereum nativas do DeFi. Como BTC tem uma volatilidade[36] comparativamente baixa e é a criptomoeda mais bem adotada por valor de mercado. Essa característica desbloqueia um grande pool de capital potencial de dApps DeFi.

O ecossistema wBTC contém três partes interessadas principais: usuários, negociantes e custodiantes. Os usuários são simplesmente os investidores e participantes do DeFi que geram demanda para a proposta de valor associada ao wBTC, como é chamado o BTC tokenizado em Ethereum. Os usuários podem comprar wBTC dos negociantes transferindo BTC e realizando o requisito KYC/AML, tornando assim os pontos de entrada e saída do wBTC centralizados e dependentes de confiança e infraestrutura *fora da cadeia* [em inglês, "off-chain"]. Os negociantes são os responsáveis por transferir o BTC aos custodiantes. No momento da transferência, o negociante sinaliza para um contrato inteligente na cadeia Ethereum que o custodiante detém a custódia do BTC e está autorizado a criar wBTC. Os custodiantes usam mecanismos de segurança padrão do setor para custodiar o BTC até que ele seja retirado do ecossistema wBTC. Quando o custodiante confirma o recebimento, pode executar a criação do wBTC que libera wBTC ao negociante. Fechando o ciclo, o negociante transfere o wBTC ao usuário.

Nenhum participante único pode controlar a criação e a queima de wBTC, e todos os BTC que entram no sistema são auditados via recibo de transação, que verifica a custódia dos fundos dentro da cadeia. Essas salvaguardas aumentam a transparência do sistema e reduzem o risco inerente ao sistema para os usuários. Como a rede consiste de negociantes e custodiantes, qualquer fraude é imediatamente expurgada da rede com apenas um pequeno custo geral em relação ao custo que seria incorrido em uma única entidade centralizada. O mecanismo com o qual os negociantes e custodiantes entram e saem da rede é uma carteira de assinaturas múltiplas, controlada pelo wBTC DAO. Nesse caso, o DAO não tem um token de governança; em vez disso, um grupo de titulares que podem adicionar e retirar proprietários controla o DAO. O contrato atualmente permite um máximo de cinquenta proprietários, com um limite mínimo de onze para invocar uma alteração. Os números cinquenta e onze podem ser mudados, se um certo número de condições for atingido. Esse sistema é mais centralizado do que outros mecanismos de governança que já discutimos, mas ainda é mais descentralizado do que permitir que um único custodiante controle todo o wBTC.

RISCOS

Como enfatizamos nas seções anteriores, o DeFi permite aos desenvolvedores criar novos tipos de produtos e serviços financeiros, expandindo as possibilidades da tecnologia financeira. Embora o DeFi possa eliminar o risco da contraparte — eliminando os intermediários e permitindo que ativos financeiros sejam trocados sem a necessidade de confiança —, todas as tecnologias inovadoras introduzem um novo conjunto de riscos. Para fornecer aos usuários e às instituições um sistema robusto e tolerante a falhas capaz de lidar com novas aplicações financeiras em escala, devemos enfrentar e mitigar adequadamente esses riscos, caso contrário, o DeFi continuará sendo uma tecnologia exploratória, restringindo seu uso, sua adoção e seu apelo.

Os principais riscos que o DeFi encontra hoje são o contrato inteligente, a governança, o oracle, a escala, a custódia DEX, o ambiente e o regulatório.

RISCO DO CONTRATO INTELIGENTE

Durante a década passada, os produtos relacionados ao cripto, principalmente as exchanges, foram recorrentemente hackeados.[1] Mesmo que muitas dessas situações tenham ocorrido devido a práticas de segurança inadequadas, elas demonstraram um ponto importante: o software é singularmente vulnerável a invasões e à negligência do desenvolvedor. Os blockchains podem remover os riscos das finanças tradicionais, como o risco da contraparte, com suas propriedades únicas, mas o DeFi é construído em código. Essa base de software oferece aos invasores uma superfície maior de ataque do que aquela oferecida pelas instituições financeiras tradicionais. Como discutido anteriormente, os blockchains públicos são sistemas abertos. Após o código ser empregado, qualquer um pode ver e interagir com o blockchain. Como muitas vezes ele é responsável por armazenar e transferir ativos financeiros nativos de blockchain, apresenta um risco novo e exclusivo. Esse novo vetor de ataque é denominado *risco do contrato inteligente*.

A base do DeFi é um software público conhecido como contrato inteligente. Introduzido por Nick Szabo em seu artigo de 1997,[2] sua implementação é nova para a prática de engenharia convencional, e, portanto, soluções para bugs de contratos inteligentes e erros de programação ainda estão em desenvolvimento. Os ataques recentes de DForce e bZx mostraram a fragilidade da programação de contrato inteligente, e empresas de auditoria como Quantstamp, Trail of Bits e Peckshield estão surgindo para preencher essa lacuna em melhores práticas e *expertise* em contratos inteligentes.[3]

O risco do contrato inteligente pode assumir a forma de um erro de lógica ou uma exploração econômica na qual um invasor pode retirar fundos da plataforma além da funcionalidade pretendida. O primeiro pode ser qualquer bug de software típico no código. Por exemplo, considere um contrato inteligente destinado a garantir depósitos de um ERC-20 específico de qualquer usuário e transferir todo o saldo de um vencedor de loteria. O contrato registra quantos tokens possui internamente e usa esse número como valor ao realizar uma transferência. O bug pertencerá a esse ponto em nosso contrato hipotético. O número interno, devido a um erro de arredondamento, será um pouco maior do que o saldo real de tokens que o contrato mantém. Quando tenta transferir, transfere "demais" e a execução falha. Sem usufruir de um failsafe ["sistema à prova de falhas"], os tokens são bloqueados funcionalmente dentro do protocolo. Informalmente, estes são conhecidos como fundos "bricked" e não podem ser recuperados.

Uma falha econômica seria mais sutil. Não haveria falha explícita na lógica do código, mas sim uma oportunidade para um adversário economicamente equipado influenciar as condições do mercado para lucrar de forma inadequada às custas do contrato. Por exemplo, imagine um contrato que assume o papel de uma exchange entre dois tokens e determina o preço observando a taxa de troca de outro contrato semelhante em outro lugar da cadeia e oferecendo essa taxa com um pequeno ajuste. (A outra exchange está desempenhando o papel de um oracle de preços para esse contrato específico.) A possibilidade de uma exploração econômica surge quando a exchange oracle tem liquidez significativamente menor em comparação com a exchange usada como exemplo. Um adversário financeiramente equipado pode vender muito na exchange oracle e, em seguida, comprar muito mais na exchange principal para capitalizar o movimento de preço. O efeito final é que o invasor é capaz de criar um preço com desconto em uma exchange de alta liquidez manipulando um oracle de baixa liquidez.

As brechas econômicas se tornam ainda mais complicadas ao considerar que os empréstimos flash permitem que qualquer usuário do Ethereum se torne financeiramente equipado para uma única transação. Deve-se ter um cuidado especial ao projetar protocolos de tal forma que eles não possam ser manipulados pela enorme volatilidade do mercado dentro de uma única transação. Uma brecha econômica que usa um empréstimo flash é um *ataque flash* [em inglês, "flash attack"]. Uma série de ataques flash famosos ocorreu em fevereiro de 2020 no bZx Fulcrum, um mercado de empréstimos similar ao Compound.[4] Com um empréstimo flash, o invasor desviou alguns dos fundos para comprar uma posição vendida alavancada e usou o restante para manipular o preço da exchange oracle na qual a posição vendida foi baseada. Então, o invasor fechou a posição vendida com lucro, encerrou as ordens de mercado e pagou o empréstimo flash. O lucro líquido foi de quase US$300 mil em fundos anteriormente detidos pelo bZx, por um custo inicial próximo de zero.

O ataque mais famoso de contrato inteligente ocorreu em 2016. Projetado pela Slock.it para atuar como o primeiro fundo de capital de risco descentralizado para empreendimentos de blockchain, foi lançado em 30 de abril de 2016[5] e atraiu cerca de 14% de todo o ether disponível na época. Os tokens DAO começaram a ser negociados em maio de 2016, mas uma parte crucial do código tinha duas linhas na ordem errada, permitindo que o ether fosse repetidamente retirado — antes de verificar se o hacker tinha o direito de retirar. Essa falha é conhecida como bug de reentrada. Em 17 de junho de 2016, um hacker drenou 30% do valor do contrato antes de outro grupo, o Robin Hood Group, que drenou os outros 70%. O Robin Hood Group prometeu devolver todo o ether aos titulares originais. O contrato original tinha um período de espera de 28 dias antes que os fundos pudessem ser retirados, e a comunidade Ethereum debateu se deveria reescrever a história criando um hard fork, o que eliminaria o hack. No final, o grupo decidiu ir adiante com o hard fork e devolveu o ether aos investidores originais. O antigo protocolo se tornou o Ethereum Classic (ETC), que preservou o registro imutável. A iniciativa DAO foi interrompida em julho de 2016, quando a SEC declarou que os tokens DAO eram valores mobiliários.

Tem havido muitas brechas como essa. Em abril de 2020, hackers tiraram proveito de US$25 milhões do protocolo de empréstimo Lendf.Me, do dForce. Curiosamente, o código do Lendf.Me era amplamente copiado do Composto. E mais, a palavra *Compound* aparece quatro vezes no contrato do dForce. O CEO do Compound comentou que, "se um projeto sequer tem a expertise de desenvolver seus próprios contratos inteligentes... é sinal de que não tem capacidade ou intenção de pensar na segurança".[6]

Um pequeno porém fascinante ataque ocorreu em fevereiro de 2021. O alvo foi o Yearn.finance, um agregador de rendimentos no qual os usuários depositam fundos em pools que são alocados a outros protocolos DeFi para maximizarem o rendimento dos investidores originais.[7] A transação incluiu a transferência de 161 tokens usando Compound, dYdX, Aave e Uniswap e custou mais de US$5 mil em taxas de gás.[8] Envolveu empréstimos flash de mais de US$200 milhões.

A programação de contratos inteligentes ainda tem um longo caminho a percorrer antes que as melhores práticas sejam desenvolvidas e os contratos inteligentes complexos tenham a resiliência necessária para lidar com transações de alto valor. Enquanto o risco do contrato inteligente ameaçar o cenário DeFi, a adoção e a confiança da aplicação sofrerão, pois os usuários hesitarão em confiar nos contratos com os quais interagem e em que guardam seus fundos.

RISCO DE GOVERNANÇA

Os riscos de programação não são novidade. Na verdade, eles existem desde os primórdios da computação moderna, há mais de meio século. Eles são a única ameaça para alguns protocolos, como o Uniswap, porque a aplicação é autônoma e controlada por contratos inteligentes. Outras aplicações DeFi dependem de mais do que apenas do código de computador autônomo. Por exemplo, MakerDAO, a linha de crédito descentralizada descrita anteriormente, depende de um processo de governança controlado por humanos que ajusta ativamente os parâmetros do protocolo para manter o sistema solvente. Isso introduz o *risco de governança*, que é exclusivo para o cenário DeFi.

O protocolo de governança diz respeito aos mecanismos democráticos representativos ou líquidos, que permitem mudanças no protocolo.[9] Para participar do processo de governança, usuários e investidores devem adquirir um token que tenha direitos explicitamente atribuídos em um mercado líquido. Uma vez adquiridos, os titulares usam esses tokens para votar nas mudanças de protocolo e guiar a direção futura. Normalmente, os tokens de governança têm uma cadeia fixa, que ajuda a resistir às tentativas de qualquer pessoa de adquirir uma maioria (51%); no entanto, eles expõem o protocolo ao risco de controle por um personagem mal-intencionado. Novos projetos, como o Automata,[10] permitem aos usuários comprar votos de governança diretamente e provavelmente acelerarão a ameaça de governança maliciosa ou hostil.

Em empresas tradicionais, investidores ativistas podem comprar ações e votar para inclinar a direção da empresa como desejarem. Os protocolos DeFi com tokens de governança são similares, exceto que os sistemas de governança são lançados muito antes na vida de um protocolo, o que pode criar maiores riscos. Além disso, nas empresas tradicionais, mesmo os investidores ativistas estão vinculados a um "dever de legalidade" com os acionistas minoritários, ao passo que isso não existe no DeFi.

Em 13 de março de 2021, houve um ataque de governança no True Seigniorage Dollar. Na época, os desenvolvedores controlavam apenas 9% do DAO. O ataque comprou $TSD gradualmente até ter 33% do DAO e, então, propôs uma implementação e votou nela. O invasor adicionou um código para ele mesmo criar 11,5 quintilhões de $TSD e os vendeu por 11,8 bilhões de tokens $TSD no Pancakeswap.[11]

RISCO ORACLE

Oracles são um dos últimos problemas não resolvidos no DeFi e são exigidos pela maioria dos protocolos DeFi para funcionar corretamente. Fundamentalmente, os oracles visam responder a uma simples pergunta: como podem dados off-chain serem refletidos com segurança on-chain? Sem os oracles, os blockchains são completamente autoencapsulados e não têm conhecimento do mundo exterior além das transações adicionadas ao blockchain nativo. Muitos protocolos DeFi exigem acesso a preços de ativos seguros e invioláveis para garantir que ações de rotina, como liquidações e previsões de resoluções de mercado, funcionem corretamente. A dependência de protocolo nesses feeds de dados introduz o *risco oracle*.

Os oracles representam riscos significativos para os sistemas que eles apoiam. Se o *custo de corrupção* de um oracle for menor do que o *lucro com a corrupção* do invasor, o oracle é extremamente vulnerável a ataques.

Até o momento, três tipos de soluções oracle foram introduzidos, desenvolvidos e utilizados. O primeiro é a *oracle Schelling-point,* que depende dos proprietários de um token de fornecimento fixo para votar no resultado de um evento ou reportar o preço de um ativo. Exemplos desse tipo de oracle incluem o Augur e o UMA.[12] Embora os oracles Schelling-point preservem os componentes de descentralização de protocolos que dependem deles, eles sofrem com tempos lentos para resolução. O segundo é o *oracle API,* uma entidade centralizada que responde de forma assíncrona a pedidos de dados ou preços. São exemplos o Provable, o Oraclize e o Chainlink.[13] Todos os sistemas que dependem de oracles baseados em API devem confiar no provedor de dados para responder com precisão a todas as consultas. O terceiro tipo é um servidor oracle personalizado e específico para aplicações usado por Maker e Compound. Seu design difere, dependendo dos requisitos de protocolo para os quais foi desenvolvido. Por exemplo, o Compound conta com um único provedor de dados que a equipe do Compound controla para fornecer todos os dados de preços na cadeia ao oracle do Compound.

Oracles, como existem hoje, representam o maior risco aos protocolos DeFi que dependem deles. Todos os oracles dentro da cadeia (on-chain) são vulneráveis ao front-running, e milhões de dólares foram perdidos devido a arbitragens.[14] Além disso, serviços de oracle como Chainlink e Maker sofreram interrupções incapacitantes com efeitos catastróficos para baixo.[15] Até que os oracles sejam nativos de blockchain, robustos e comprovadamente resilientes, eles representam a maior ameaça sistêmica ao DeFi hoje.

RISCO DE ESCALA

Como já discutimos, Ethereum e outros blockchains de prova de trabalho (o mecanismo de consenso) têm um tamanho de bloco fixo. Para um bloco se tornar parte da cadeia, cada minerador da Ethereum deve executar todas as transações em sua máquina. Esperar que cada minerador processe todas as transações financeiras de um mercado financeiro global é algo fora da realidade. A versão atual da Ethereum está limitada atualmente a um máximo de trinta transações por segundo (TPS), ainda que quase todo o DeFi resida nesse blockchain hoje em dia. Comparado com a Visa, que pode lidar com mais de 6 mil TPS, a Ethereum é capaz de lidar com menos de 0,1% da capacidade. A falta de escalabilidade da Ethereum coloca o DeFi em risco de não atender à demanda requerida. Há muito esforço para melhorar a escalabilidade da Ethereum ou sua substituição por um blockchain alternativo que possa lidar com altos volumes de transações mais rapidamente. Até hoje, a versão 2 da Ethereum, há tanto esperada, não foi implementada.[*] No entanto, algumas plataformas, como Polkadot, Zilliqa e Algorand, oferecem algumas soluções para esse risco de escala.[16]

Uma solução ativamente perseguida para o problema é um novo algoritmo de consenso, *prova de participação,* apresentado no Capítulo 3. A prova de participação simplesmente substitui a criação de blocos (que requer um tempo de espera probabilístico), com staking de um ativo no próximo bloco, com regras majoritárias semelhantes à prova de trabalho. O *staking*, um importante conceito de criptomoedas e DeFi, significa que um usuário deposita fundos em um contrato inteligente e está sujeito a uma

---

[*] O Ethereum 2.0 já foi implementado, em setembro de 2022. O leitor deve manter em mente que todas as atualizações apresentadas nos parágrafos seguintes como futuras melhorias já estão sendo executadas no blockchain. [N. da RT.]

penalidade [fundos cortados, ou, em inglês, "slashed funds"] se eles se desviarem do comportamento esperado.

O comportamento malicioso na prova de participação ocorre com votação em vários blocos possíveis. Essa ação mostra falta de discernimento e números de votação distorcidos; assim, é penalizada. A segurança na prova de participação é baseada no conceito de que um participante mal-intencionado teria que acumular mais ativos de participação (ether, no caso de Ethereum) do que o resto dos participantes dessa cadeia. Esse objetivo é inviável e, portanto, resulta em fortes propriedades de segurança semelhantes à prova de trabalho.

As escalas vertical e horizontal são duas abordagens gerais tradicionais para aumentar a taxa de transferência de blockchain. A escala vertical centraliza todo o processo de transação em uma única máquina grande. Essa centralização reduz a sobrecarga de comunicação (latência de transação/bloqueio) associada a um blockchain PoW como com a Ethereum, mas resulta em uma arquitetura centralizada, na qual uma máquina é responsável pela maioria do processo do sistema. Alguns blockchains, como o Solana,[17] seguem essa abordagem e podem atingir mais de 50 mil TPS.

A escala horizontal, no entanto, divide o trabalho do sistema em várias partes, mantendo a descentralização, mas aumentando o rendimento do sistema por meio da paralelização. O *Ethereum 2.0* usa essa abordagem, chamada de *fragmentação* [em inglês, "sharding"], em combinação com um algoritmo de consenso de prova de participação.

A arquitetura técnica de Ethereum 2.0[18] difere drasticamente dos blockchains escalados verticalmente, como o Solana, mas as melhorias são as mesmas. O Ethereum 2.0 usa a escalada horizontal com vários blockchains e pode atingir até 50 mil TPS.

O desenvolvimento do Ethereum 2.0 foi adiado por vários anos, mas sua rede principal, que conterá um blockchain básico sem nenhum suporte a contrato inteligente, pode entrar em operação em 2021. O Ethereum 2.0 ainda não finalizou uma especificação funcional para enviar transações entre seus blockchains escalados horizontalmente.

Outra ideia com potencial para reduzir o risco de escalada é o cenário da 2ª camada do Ethereum [layer-2]. A 2ª *camada* refere-se a uma solução construída em cima de um blockchain que se baseia em criptografia e garantias econômicas para manter os níveis de segurança desejados. As transações podem ser assinadas e agregadas de forma resistente a agentes mal-intencionados, mas não são postadas diretamente no blockchain, a menos que haja algum tipo de discrepância. Isso remove as restrições de um tamanho de bloco fixo e taxa de bloco, permitindo uma taxa de transferência muito maior. Algumas soluções da 2ª camada do Ethereum estão ativas hoje.

Como as taxas de transação da Ethereum aumentaram para níveis muito altos, o uso da 2ª camada permaneceu estagnado. O espaço vem se desenvolvendo lentamente e muitas soluções ativas não têm suporte para os contratos inteligentes ou para trocas descentralizadas. Um *optimistic rollup*, uma ideia em desenvolvimento, é um processo no qual as transações são agregadas fora da cadeia em uma única compilação que é submetida periodicamente à cadeia durante um determinado intervalo. Somente um agregador que tenha um vínculo (participação) pode combinar e enviar essas compilações. É importante ressaltar que o estado é considerado válido, a menos que alguém o desafie. Se isso ocorrer, a criptografia pode provar se o agregador postou um estado defeituoso. O provador, então, é recompensado com uma porção da participação do agregador malicioso como incentivo (similar ao mecanismo do keeper). Optimistic rollups, embora promissores, ainda precisam fornecer mainnets funcionais e exigem provas de fraude caras, bem como postagem frequente de transações de rollup, limitando sua taxa de transferência e aumentando seus custos médios de transação.

Muitas abordagens visam diminuir os riscos de escalabilidade do DeFi hoje, mas o setor não tem um vencedor claro. Enquanto o crescimento do DeFi for limitado pela escalabilidade do blockchain, as aplicações serão limitadas em seu impacto potencial.

RISCO DE DEX

Os produtos mais populares do DeFi hoje espelham aqueles que observamos nas finanças tradicionais. Os principais usos do DeFi são obter alavancagem, negociar e adquirir exposição a ativos sintéticos. A negociação, como seria de se esperar, representa a maior atividade na cadeia, enquanto a introdução de novos ativos (por exemplo, tokens ERC-20, Synthetics) levaram a uma explosão cambriana em DEXs. Essas trocas descentralizadas variam consideravelmente em design e arquitetura, mas são tentativas de resolver o mesmo problema: como criar o melhor local descentralizado para troca de ativos.

O cenário DEX no Ethereum consiste em dois tipos dominantes: Formadores de Mercado Automatizados (AMMs) e exchanges com livros de ordens. Ambos os tipos variam em arquitetura e têm diferentes perfis de risco. Os AMMs, no entanto, são o DEX mais popular hoje em dia, porque permitem aos usuários que troquem ativos de forma confiável e segura, ao mesmo tempo em que eliminam o risco de contraparte tradicional. Ao armazenarem liquidez de bolsa em um contrato inteligente sem necessidade de confiança em um terceiro, os AMMs dão aos usuários acesso instantâneo a cotações em um par de criptomoedas. O Uniswap talvez seja o exemplo mais conhecido de um AMM, também conhecido como um *Formador de Mercado de Função Constante* [em inglês, "Constant-Function Market Maker", CFMM]. A versão 2 do Uniswap depende do produto de dois ativos para determinar um preço de troca. A quantidade de liquidez no pool determina o slippage quando os ativos são trocados durante uma transação.

CFMMs como o Uniswap otimizam a experiência e conveniência do usuário, mas sacrificam os retornos absolutos. Os fornecedores de liquidez do CFMM ("liquidity providers", ou LPs) ganham rendimento depositando ativos em um pool, porque este cobra uma taxa por cada negociação (os LPs se beneficiam do alto volume de negociação). Isso permite ao pool atrair liquidez, mas expõe os LPs ao risco do contrato inteligente e às perdas temporárias, que ocorrem quando dois ativos em um pool têm retornos não correlacionados e alta volatilidade.[19] Essas propriedades permitem que os arbitradores lucrem com as volatilidades dos ativos e as diferenças de preço, reduzindo os retornos temporários dos LPs e expondo-os ao risco se um ativo se mover acentuadamente no preço. Alguns AMMs, como o Cap,[20] são capazes de reduzir a perda temporária usando um oracle para determinar os preços de troca e ajustando dinamicamente uma curva de preços para evitar que os arbitradores explorem os LPs, mas a perda temporária permanece um grande problema para muitos usuários de AMMs hoje.

Em 5 de maio de 2021, o Uniswap lançou sua terceira versão. A principal diferença para a versão anterior é que os fornecedores de liquidez podem alocar fundos para um intervalo personalizado (o intervalo no CFMM não é limitado e potencialmente infinito). Isso cria curvas de preço individualizadas, com os investidores interagindo com a agregação da liquidez de todas essas curvas. Dada a capacidade de especificar um intervalo, a versão 3 é um pouco análoga a um sistema de ordem limite.

Os DEXs com um livro de ordens on-chain têm um conjunto diferente de riscos comuns. Essas trocas sofrem com os problemas de escalabilidade herdados do blockchain subjacente em que são executadas e, muitas vezes, são vulneráveis ao front-running de bots e arbitragens sofisticados. Os DEXs basedados em livro de ordens também costumam ter grandes spreads devido à presença de formadores de mercado de baixa sofisticação. Considerando que as finanças tradicionais podem contar com os sofisticados formadores de mercado, como Jump, Virtu, DRW e Jane Street,[21] os DEXs do livro de ordens são frequentemente forçados a confiar em um único formador de mercado para cada par de ativos devido ao surgimento do mercado DeFi e à complexa infraestrutura de computação necessária para fornecer liquidez na cadeia. Conforme o mercado evolui, esperamos que essas barreiras caiam e mais formadores do mercado tradicional entrem no ecossistema; por ora, no entanto, esses obstáculos criam uma barreira significativa para a entrada. Independentemente disso, os DEXs AMM e de livros de ordens são capazes de eliminar o risco da contraparte, oferecendo aos investidores uma plataforma de troca sem custódia e sem a necessidade de confiança em um terceiro.

Diversas exchanges descentralizadas usam um livro de ordens inteiramente fora da cadeia, retendo os benefícios de um DEX que não requer custódia enquanto contorna os problemas de formação de mercado e escalabilidade colocados pelos DEXs de livro de ordens on-chain. Essas exchanges funcionam liquidando todas as entradas e saídas de posições na cadeia, mantendo um livro de ordens limitado inteiramente fora da cadeia. Isso permite ao DEX evitar os problemas de escalabilidade e UX enfrentados pelos DEXs de livro de ordens na cadeia, mas também apresenta um conjunto separado de problemas em torno da conformidade regulatória.

Embora os riscos sejam abundantes no cenário de DEX hoje, eles devem diminuir ao longo do tempo, à medida que a tecnologia avança e os participantes do mercado aumentam em sofisticação.

RISCO DE CUSTÓDIA

Aqui estão três tipos de custódia: autocustódia, parcial e de terceiros. Com a autocustódia, os usuários desenvolvem sua própria solução, que pode ser uma unidade flash não conectada à internet, uma cópia impressa ou um dispositivo de armazenamento. A custódia parcial combina a autocustódia e uma solução externa (por exemplo, Bitgo). Aqui, um hack no provedor externo fornece informações suficientes para recriar a chave privada. No entanto, se os usuários perdem sua chave privada, o usuário e a solução externa podem recriar a chave de maneira combinada. A última opção é a custódia de terceiros. Muitas empresas que tradicionalmente se concentravam em custódia em finanças centralizadas agora oferecem soluções em finanças descentralizadas (por exemplo, Fidelity Digital Assets).

Os investidores de varejo geralmente enfrentam duas opções. A primeira é a autocustódia, onde os usuários têm controle total sobre suas chaves. Isso inclui uma carteira de hardware, de web (por exemplo, MetaMask, onde as chaves são armazenadas em um browser), de desktop, ou mesmo de papel. A segunda é a carteira de custódia, na qual um terceiro detém as chaves privadas. Como exemplos, Coinbase e Binance. O risco mais óbvio para a autocustódia é que as chaves privadas sejam perdidas ou bloqueadas. Em janeiro de 2021, o *New York Times* publicou uma história sobre um programador que usou uma carteira de hardware, mas esqueceu a senha.[22] A carteira tinha US$220 milhões em bitcoins e permitia dez tentativas de senha antes de destruir todos os dados. Só restavam duas tentativas ao programador.

A custódia delegada também envolve riscos. Por exemplo, se uma exchange retiver as chaves privadas, ela poderá ser invadida, e as chaves, perdidas. A maioria das exchanges mantém a maior parte das chaves privadas "congeladas" (em uma unidade não conectada à internet). Há, contudo, um longo histórico de ataques a exchanges, incluindo Mt Gox (2011 a 2014), de 850 mil bitcoins; Bitfloor (2012), de 24 mil bitcoins; Bitfinex (2016), de 120 mil bitcoins; Coincheck (2018), de 523 milhões de NEM, no valor de US$500 milhões à época; e Binance (2019) de 7 mil bitcoins.[23] Os ataques se tornaram menos frequentes. Algumas exchanges centralizadas, como Coinbase, ainda oferecem seguro. Todos esses ataques foram em exchanges centralizadas, e já analisamos alguns que ocorreram em DEXs.

RISCO AMBIENTAL

Os mecanismos de consenso de prova de trabalho usados por Bitcoin e Ethereum[*] exigem uma grande quantidade de eletricidade para seu poder de computação. Isso é tanto uma força quanto uma fraqueza. O poder de computação fornece segurança sem precedentes para suas redes. Atualmente, é inviável que um adversário adquira poder de hash suficiente para corromper esses blockchains. Entretanto, também é um ponto fraco, uma vez que a maior parte da energia utilizada é gerada por combustíveis fósseis.

A maioria das atividades DeFi reside no blockchain Ethereum, que atualmente é um blockchain de prova de trabalho. Todavia, como mencionamos anteriormente, quando o Ethereum 2.0 for lançado [vide notas de rodapé deste capítulo], promete ser muito mais eficiente em termos de energia usando um mecanismo de prova de participação. De fato, muitos aplicativos DeFi já usam blockchains alternativos baseados em provas de participação. É importante ressaltar que existem fortes incentivos que vão além do impacto ambiental para migrar para o PoS, dado que o PoS também permite muito mais transações por segundo.

Embora haja um caminho claro para a Ethereum se tornar muito mais ecológica, o mesmo não pode se dizer do Bitcoin. Pensamos ser muito improvável que o Bitcoin mude seu mecanismo de consenso. Isso apresenta alguns riscos no curto prazo para o Bitcoin. É provável que as autoridades reguladoras

---

[*] Em 15 de setembro de 2022, data posterior à publicação da versão em inglês do livro, o Ethereum passou pelo The Merge, processo que alterou seu mecanismo de verificação de prova de trabalho (proof of work) para prova de participação (proof of stake), reduzindo o consumo de energia da rede em 99,95%. [N. da RT.]

nacionais dificultem a operação de mineradores em áreas movidas a combustíveis fósseis. Isso, porém, gera oportunidades para países com energia bloqueada (inviável para exportação), como a Islândia, onde a geração de eletricidade é limpa e barata. Ainda hoje, a Islândia abriga aproximadamente 8% da criação global.

RISCO REGULATÓRIO

Quanto mais o mercado DeFi crescer em tamanho e influência, maior escrutínio regulatório enfrentará. As principais exchanges de derivativos e spots centralizados, anteriormente ignoradas pela Commodity Futures Trading Commission (CFTC), foram forçadas recentemente a cumprir ordens de compliance KYC/AML,[24] e as DEX parecem ser as próximas. Várias exchanges de derivativos descentralizadas, como o dYdX, devem bloquear geograficamente os clientes dos EUA de acessar certas funcionalidades da exchange. Considerando que a natureza não custodial e descentralizada das DEXs apresenta uma área legal cinzenta com um futuro regulatório incerto, existem poucas dúvidas de que a regulamentação chegará quando o mercado se expandir.

Um conhecido projeto algorítmico de stablecoin, chamado Basis, foi forçado a ser encerrado em dezembro de 2018 devido a preocupações regulatórias.[25] Uma mensagem angustiante permanece em sua página inicial para futuras empresas semelhantes: "Infelizmente, ter que aplicar a regulamentação de valores mobiliários dos EUA ao sistema teve um sério impacto negativo em nossa capacidade de lançar o Basis… Como tal, sinto muito compartilhar a notícia de que decidimos devolver o capital aos nossos investidores. Isso também significa que, infelizmente, o projeto Basis será desativado."[26] Em resposta à pressão regulatória, o DeFi tem visto crescer o número de fundadores anônimos de protocolos. No início deste ano, uma equipe anônima lançou um fork do projeto original do Basis (Basis Cash[27]).

Os tokens de governança, lançados por muitos dos projetos DeFi, também estão enfrentando um escrutínio cada vez maior, à medida que a Securities and Exchange Commission (SEC) continua a avaliar se esses novos ativos devem ser regulados como títulos. Por exemplo, o Compound, mercado monetário descentralizado baseado na rede Ethereum, lançou recentemente um token de governança sem valor intrínseco ou direitos a fluxos de caixa futuros. Isso permitiu ao Compound evitar a regulação de títulos da SEC, afastando a empresa da responsabilização por emissão de valores mobiliários. Achamos que mais projetos seguirão o exemplo do Compound no futuro e esperamos que a maioria pregue cautela antes de emitir novos tokens; muitos projetos se adequaram com as duras penalidades impostas pela SEC após o boom inicial da oferta de moedas de 2017.[28]

Muitas das criptomoedas com maior valor de mercado foram regulamentadas como commodities pelas CFTC, o que as afasta das leis que tratam da transmissão de dinheiro. Nos EUA, estados individuais, como Nova York, no entanto, têm regulamentação que visa exchanges que facilitam a transferência e troca de criptomoedas.[29] À medida que o DeFi continua a crescer e o número total de ativos emitidos continua a se expandir, esperamos ver regulamentações cada vez mais específicas e diferenciadas voltadas para os protocolos DeFi e seus usuários. A tributação das criptomoedas ainda precisa ser inteiramente desenvolvida, do ponto de vista regulatório, e softwares de contabilidade e de monitoramento on chain estão apenas começando a alcançar o público de varejo. Por exemplo, em 31 de dezembro de 2020, a proposta preliminar do Internal Revenue Service (IRS) exigiu o relatório no formulário 1040 de qualquer recebimento de criptomoeda (de graça), incluindo o airdrop ou o hard fork; troca de criptomoeda por bens ou serviços; compra ou venda de criptomoeda; negociação de moedas virtuais por outro patrimônio, incluindo outra moeda virtual; e aquisição ou disposição de um interesse financeiro em uma criptomoeda. Não está incluída a movimentação de moeda virtual de uma carteira para outra. As regulações também tornam clara a exigência de um formulário W2 para pagamentos em criptomoeda feitos em troca de trabalho.[30]

Enquanto o panorama regulatório do DeFi continua a ser ativamente explorado, com novas decisões regulatórias sendo tomadas diariamente como a permissão da custódia de criptomoedas pelos bancos,[31] as perspectivas do mercado são nebulosas com muitos problemas existentes ainda a serem tratados.

Se o ambiente regulatório em qualquer país (ou estado) for muito severo, a inovação se mudará para outro lugar (ou para um estado diferente). Contudo, se os regulamentos forem muito frouxos, muitos consumidores serão explorados. Cabe aos reguladores encontrar o equilíbrio certo. No entanto, esse não é o único desafio. Esse espaço é tecnicamente desafiador, e os reguladores precisam investir muito tempo para se atualizar. Mesmo após o treinamento, eles percebem que seu conhecimento se deprecia rapidamente, dada a velocidade da mudança. Por fim, é difícil para o regulador contratar pessoas nesse espaço, porque os potenciais funcionários têm muitas outras opções.

CONCLUSÕES: PERDEDORES E GANHADORES

As finanças descentralizadas oferecem vantagens atrativas sobre o financiamento tradicional ao longo das verticais de descentralização, acesso, eficiência, interoperabilidade e transparência. A descentralização permite que os produtos financeiros sejam de propriedade coletiva da comunidade sem controle de cima para baixo — algo que poderia ser perigoso para o usuário médio. O acesso a esses novos produtos para todos os indivíduos é de importância crucial para evitar o aumento das desigualdades de riqueza.

As finanças tradicionais exibem camadas de gordura e ineficiência que, em última análise, removem valor do consumidor médio. A eficiência contratual do DeFi traz todo esse valor de volta. Como resultado de sua infraestrutura e interfaces compartilhadas, o DeFi permite uma interoperabilidade radical além do que se pode alcançar no mundo das finanças tradicionais. Por fim, a nature-za pública do DeFi promove a confiança e a segurança em forte contraste com a opacidade dos sistemas centralizados de hoje.

O DeFi pode até distribuir valor diretamente aos usuários para incentivar seu crescimento, como demonstrado pelo Compound (via COMP) e pelo Uniswap (via UNI). O *yield farming* é a prática de buscar recompensas depositando em plataformas que incentivam o provisionamento de liquidez. As distribuições de tokens e o yield farming têm atraído grandes quantidades de capital para o DeFi em janelas de tempo muito curtas. As plataformas podem projetar o racional financeiro de seus tokens para recompensar sua inovação e promover um protocolo e uma comunidade sustentáveis de longo prazo que continuem a forne-cer valor.

Cada uso de caso do DeFi incorpora alguns desses benefí-cios mais do que outros e tem desvantagens e riscos notáveis. Por exemplo, uma plataforma DeFi, que depende fortemente de um oracle mais centralizado, pode nunca ser tão descentraliza-da quanto uma plataforma que não necessita de entrada exter-na para operar, como o Uniswap. Além disso, uma plataforma como o dYdX com alguma infraestrutura off-chain em sua bolsa não pode ter os mesmos níveis de transparência e interoperabili-dade que uma plataforma sem componentes off-chain.

Certos riscos, como o problema de escala e do contrato in-teligente, afetam todo o DeFi, e superá-los é fundamental para alcançar a adoção geral do DeFi. Os benefícios do DeFi serão limitados apenas às partes mais ricas se a tecnologia subjacente não puder ser dimensionada para atender a população em geral.

Inevitavelmente, as soluções para o problema de escala virão à custa de alguns dos benefícios de uma abordagem DeFi "pura", como diminuição da interoperabilidade em um blockchain "fragmentado". Assim como na internet e em outras tecnologias transformacionais, os benefícios do dimensionamento melhorarão com o tempo. O risco do contrato inteligente nunca será eliminado, mas a sabedoria conquistada com a experiência informará as melhores práticas e a tendência do setor no futuro.

Como aviso para os dApps que se integram e se empilham cegamente uns sobre os outros sem a devida diligência, o elo mais fraco da cadeia derrubará toda a casa. A severidade do risco do contrato inteligente cresce diretamente em proporção à tendência natural de inovar e integrar-se com novas tecnologias. Por essa razão, é inevitável que vulnerabilidades de alto perfil continuem a comprometer os fundos do usuário, como no passado. Se o DeFi não puder superar esses riscos, entre outros, sua utilidade permanecerá uma sombra de seu potencial.

O verdadeiro potencial do DeFi é transformacional. Presumindo que o DeFi torne real seu potencial, as empresas que recusam se adaptar podem perder e ser esquecidas. Todas as firmas de finanças tradicionais podem e devem começar a integrar seus serviços com cripto e com o DeFi à medida que o ambiente regulatório ganha clareza e os riscos forem mais bem compreendidos ao longo do tempo. Essa adoção pode ser vista como o "DeFi front end", que elimina os detalhes para fornecer mais simplicidade para o usuário final.

Startups como a Dharma1 lideram a nova onda de acesso do consumidor ao DeFi. Essa abordagem ainda sofrerá algumas camadas de ineficiência, mas as empresas que estiverem mais bem integradas à tecnologia e apoiarem a regulamentação local sairão vitoriosas, enquanto as outras desaparecerão. Os protocolos DeFi que estabelecem fortes fossos de liquidez e oferecem a melhor utilidade prosperarão como o principal back-end para a adoção geral.

Vemos os andaimes de uma nova e brilhante cidade. Isso não é uma renovação das estruturas existentes; é uma reconstrução completa, de baixo para cima. As finanças se tornam acessíveis para todos. Ideias de qualidade são financiadas, não importa quem você seja. Uma transação de US$10 é tratada da mesma forma que uma de US$100 milhões. As taxas de poupança aumentam e os custos de empréstimos diminuem conforme as camadas intermediárias de desperdício são extirpadas. Em última análise, vemos o DeFi como a maior oportunidade da próxima década e esperamos a reinvenção das finanças como as conhecemos.

AGRADECIMENTOS

Agradecemos os comentários de Dan Robinson, Stani Kulechov, John Mattox, Andreas Park, Chen Feng, Can Gurel, Jeffrey Hoopes, Brian Bernert, Marc Toledo, Marcel Smeets, Ron Nicol, Daniel Liebau Giancarlo Bertocco, Josh Chen, Lawrence Diao, Deepanshu, Louis Gagnon, Herve Tourpe, Vishal Kumar, Julian Villella, Luyao Zhang, Yulin Liu, Matthew Rosendin, Paul Schlachter, Ed Kerollis, Sunshine Zhang, Yash Patil e Manmit Singh, no rascunho anterior. Lucy Pless criou os gráficos e Kay Jaitly forneceu assistência editorial.

REFERÊNCIAS

Chetty, Raj, Nathaniel Hendren, Patrick Kline e Emmanuel Saez. 2014. "Where Is the Land of Opportunity? The Geography of Intergenerational Mobility in the United States." *Quarterly Journal of Economics,* vol. 129, n. 4 (novembro): 1553–1623.

Corbae, Dean e Pablo D'Erasmo. 2020. "Rising Bank Concentration," Staff Paper 594, Federal Reserve Bank of Minneapolis (March). Disponível em https://doi.org/10.21034/sr.594

Ellis, Steve, Ari Juels e Sergey Nazarov. 2017. "Chainlink: A Decentralized Oracle Network." Documento de trabalho (4 de setembro).Disponível em https://link.smartcontract.com/whitepaper

Euromoney. 2001. "Forex Goes into Future Shock." (Outubro). Disponível em https://faculty.fuqua.duke.edu/~charvey/Media/2001/EuromoneyOct01.pdf

Haber, Stuart e Scott Stornetta. 1991. "How to Time-Stamp a Digital Document." *Journal of Cryptology* (Janeiro). Disponível em https://dl.acm.org/doi/10.1007/BF00196791

Nakamoto, Satoshi. 2008. "Bitcoin: A Peer-to-Peer Electronic Cash System." https://bitcoin.org

Narayan, Amber, Roy Van der Weide, Alexandru Cojocaru, Christoph Lakner, Silvia Redaelli, Daniel Mahler, Rakesh Ramasubbaiah e Stefan Thewissen. 2018. *Fair Progress? Economic Mobility across Generations around the World,* Equity and Development Series. Washington, D.C: World Bank.

Qureshi, Haseeb. 2020. "What Explains the Rise of AMMs?"

Dragonfly Research (Julho de 2022).

Ramachandran, Ashwin e Haseeb Qureshi. 2020. "Decentralized Governance: Innovation or Imitation?" Dragonfly Research.com (5 de agosto). Disponível em https://medium.com/ dragonfly-research/ decentralized-governance-innovation-orimitation-ad872f37b1ea

Robinson, Dan e Allan Niemerg. 2020. "The Yield Protocol: On-Chain Lending with Interest Rate Discovery." White paper (Abril). Disponível em https://research.paradigm.xyz/Yield.pdf

Shevchenko, Andrey. 2020. "Dforce Hacker Returns Stolen Money as Criticism of the Project Continues." (22 de abril). Disponível em https://cointelegraph.com

Szabo, Nick. 1997. "Formalizing and Securing Relationships on Public Networks." Satoshi Nakamoto Institute. Disponível em https://nakamotoinstitute.org/formalizing-securingrelationships/

Zmudzinski, Adrian. 2020. "Decentralized Lending Protocol bZx Hacked Twice in a Matter of Days." (18 de fevereiro). Disponível em https://cointelegraph.com

GLOSSÁRIO

Em itálico, termos também definidos aqui.

Airdrop. Uma distribuição gratuita de tokens em carteiras. Por exemplo, a governança do Uniswap fez o airdrop de quatrocentos tokens para cada endereço Ethereum que usou sua plataforma.

Atômico. Uma disposição que faz com que os termos do contrato sejam revertidos como se os tokens nunca tivessem saído do ponto de partida, se alguma condição do contrato não for atendida. Uma característica importante de um *contrato inteligente*.

Blockchain. Um livro-razão descentralizado, criado em 1991 por Haber e Stornetta, no qual cada *nó* tem uma cópia. Pode ser adicionado por meio de *protocolo de consenso*, mas seu histórico é imutável. Também é visível para qualquer pessoa.

Camada 2. Uma solução de *escalabilidade* construída no topo de um *blockchain* que usa criptografia e garantias econômicas para manter os níveis de segurança desejados. Por exemplo, pequenas transações podem ocorrer usando-se um canal de pagamentos multiassinatura. Um *blockchain* é usado somente quando os fundos são adicionados ao canal ou retirados.

Criptografia de chave assimétrica. Um meio para proteger a comunicação. As criptomoedas têm duas chaves: uma pública (todo mundo pode ver) e uma privada (secreta e visível somente para o proprietário). As duas chaves são conectadas matematicamente de forma que a chave privada é usada para derivar a chave pública. Com a tecnologia atual, não é viável derivar a chave privada da pública (daí a descrição "assimétrica"). Os usuários podem receber um pagamento em seu endereço público e gastá-lo com sua chave privada. Ver *criptografia de chave simétrica*.

Criptomoeda. Token digital criptograficamente seguro e transferível usando a tecnologia blockchain. Os principais exemplos são *Bitcoin* e *Ethereum*. Existem vários tipos diferentes de criptomoedas, como uma *stablecoin* e tokens que representam ativos digitais e não digitais.

Cofre. Um contrato inteligente que deposita garantia e acompanha o valor da garantia.

Compilação. Também conhecido como resumo de mensagem. Ver *Hash criptográfico*.

Condição de redução. Mecanismo que executa uma *redução*. Um exemplo de condição de redução é quando a subgarantia desencadeia uma liquidação.

Conheça Seu Cliente [em inglês, "Know Your Customer", KYC]. Uma disposição da regulamentação dos EUA comum à regulamentação de serviços financeiros que exige que os usuários se identifiquem. Essa regulação levou os clientes norte-americanos ao *geoblocking* de certas funcionalidades de *exchange descentralizada.*

Conta de contrato. Um tipo de conta em *Ethereum* controlada por um *contrato inteligente.*

Conta de propriedade externa [em inglês, "externally owned account", EOA]. Uma conta *Ethereum* controlada por um usuário específico.

Contra lavagem de dinheiro (Anti-money laundering, ou AML). Um regulamento de conformidade comum projetado para detectar e relatar atividades suspeitas relacionadas à ocultação ilegal das origens de dinheiro.

Contratos de conexão. No contexto das *exchanges descentralizadas,* um contrato que determina o caminho mais eficiente de trocas para obter o menor slippage, se nenhum par de negociação direta estiver disponível, por exemplo, no Uniswap.

Contrato futuro perpétuo. Similar ao contrato futuro tradicional, mas sem data de vencimento.

Contrato inteligente. Um contrato ativado ao receber ETH, ou *gás.* Dada a natureza distribuída do *blockchain Ethereum,* o programa executa em cada *nó.* Um recurso do *blockchain Ethereum,* o blockchain principal para os aplicativos *DeFi.*

Correspondência do livro de ordens. Processo no qual todas as partes devem concordar com a taxa de câmbio do swap. Os formadores de mercado podem postar ofertas e pedidos para uma exchange descentralizada (DEX) e permitir que os compradores preencham as cotações ao preço pré-acordado. Até que a oferta seja aceita, o formador de mercado tem o direito de retirar a oferta ou atualizar a taxa de troca.

Criação. Uma ação que aumenta a oferta de tokens, oposta à *queima*. Ocorre com frequência quando um usuário entra em um pool e adquire uma ação com direito a voto. A criação e a queima são parte essencial dos modelos de *stablecoin* sem garantia (ou seja, quando a stablecoin fica muito cara, mais dela é criada, o que aumenta a oferta e reduz os preços). A criação também é uma recompensa ao comportamento do usuário.

Criptografia de chave simétrica. Um tipo de criptografia no qual uma chave comum é usada para criptografar e descriptografar uma mensagem.

Curva de ligação. Um *contrato inteligente* que permite aos usuários comprar ou vender um token usando um modelo matemático fixo. Por exemplo, imagine uma função linear simples na qual o token é igual à oferta. Nesse caso, o primeiro token custaria 1 ETH, e o segundo, 2 ETH, recompensando assim os primeiros participantes. É possível ter diferentes curvas de ligação para compra e venda. Uma forma funcional comum é uma curva logística.

dApp. Aplicativo descentralizado que permite interação direta entre os pares (ou seja, removendo a compensação central). Sem permissão e resistente à censura, qualquer um pode usá-lo sem nenhuma organização central controlando.

Delegação de crédito. Dispositivo pelo qual os usuários podem alocar garantia para potenciais credores, que podem usá-la como empréstimo para um ativo desejado.

Dinheiro colaterizado. Papel-moeda lastreado em garantias como ouro, prata ou outros ativos.

Empréstimo flash. Empréstimo sem garantia com risco zero de contraparte e duração zero. Usado para facilitar a arbitragem ou para refinanciar um empréstimo sem garantia atrelada. Não tem risco de contraparte porque em uma simples transação (a) o empréstimo é criado, (b) toda compra e venda que usa os fundos do empréstimo é completada e (c) o empréstimo é completamente pago.

Escalabilidade horizontal. Abordagem que divide o trabalho do sistema em várias peças, retendo a descentralização, mas aumentando o rendimento do sistema por meio da paralelização. Também conhecido como *fragmentação* [em inglês, "sharding"]. A Ethereum 2.0 adota essa abordagem em combinação com um algoritmo de *prova de participação*.

Espécie. Moeda metálica, como o ouro e a prata (ou o níquel e o cobre) que vale por si (isto é, se derretido e vendido como metal).

ERC-20. Solicitação de Comentários Ethereum [em inglês, "Ethereum Request for Comments", ERC], relacionada à definição de interface para tokens fungíveis, que são idênticos em utilidade e funcionalidade. O dólar americano é uma moeda fungível, na qual uma nota de US$20 tem o mesmo valor que vinte notas de US$1.

ERC-721. Solicitação de Comentários Ethereum [em inglês, "Ethereum Request for Comments", ERC], relacionada à definição de interface para tokens não fungíveis, que são únicos e frequentemente usados para colecionáveis ou ativos específicos, como um empréstimo.

ERC-1155. Solicitação de Comentários Ethereum [em inglês, "Ethereum Request for Comments", ERC], relacionado a definir um modelo multitoken, no qual um contrato pode conter saldos de vários tokens, fungíveis ou não fungíveis.

Escalabilidade vertical. A centralização de todo o processo de transação para uma única máquina maior, que reduz a sobrecarga de comunicação (latência do bloco de transação) associada a um *blockchain prova de trabalho*, como o *Ethereum*, mas resulta em uma arquitetura centralizada, na qual uma máquina é responsável pela maioria do processamento de sistema.

Ethereum (ETH). Em atividade desde 2015, a segunda maior criptomoeda ou *blockchain*. Sua criptomoeda nativa é conhecida como ether (ETH). O blockchain Ethereum tem a capacidade de executar programas de computador conhecidos como *contratos inteligentes*. É considerada uma plataforma computacional distribuída e, às vezes, chamada de Máquina Virtual Ethereum [em inglês, "Ethereum Virtual Machine"].

Ethereum 2.0. Melhoria proposta no *blockchain Ethereum* que usa a *escalabilidade horizontal,* o *consenso prova de trabalho* e outras melhorias. **Endereço.** O identificador para onde uma transação é enviada. Derivado de uma chave pública de usuário, que se origina de uma chave privada por *criptografia de chave assimétrica.*

Em Ethereum, a chave pública é 512 bits, ou 128 caracteres *hexadecimais*, e é representada de forma única com um algoritmo Keccak-256, que a transforma em 256 bits ou 64 caracteres hexadecimais. Os últimos 40 caracteres hexadecimais são endereços públicos, que normalmente carregam o prefixo "0x."

Exchange descentralizada [em inglês, "decentralized exchange", DEX]. Plataforma que facilita a troca de tokens de forma não custodial. Os dois mecanismos para a liquidação de DEX são a correspondência do livro de ordens (*order book matching*) e o formador de mercado automatizado (*automated market maker*).

Flash swap. Recurso de alguns protocolos *DeFi* em que um contrato envia tokens antes que o usuário pague por eles com ativos do outro lado do par. Permite a arbitragem quase instantânea. Permite a flexibilidade de pagamento com um ativo diferente, que é diferente de um *empréstimo flash*, que necessita ser pago com o mesmo ativo. Um recurso chave é que todas as negociações ocorrem com uma simples transação *Ethereum*.

Finanças descentralizadas [em inglês, "decentralized finance", DeFi]. Uma infraestrutura financeira que não depende de uma instituição centralizada, como um banco. Trocas, empréstimos e negócios são conduzidos em uma base ponto a ponto, usando tecnologia *blockchain* e *contratos inteligentes*.

Fintech. Abreviação de tecnologia financeira [em inglês, "financial technology"], um termo geral que se refere a avanços tecnológicos em finanças. Inclui amplamente tecnologias no espaço de pagamentos, negociações e empréstimos e, muitas vezes, aplicativos de big data e aprendizado de máquina.

Fork. No contexto do código de fonte aberta, uma atualização ou aprimoramento de um protocolo existente, que se conecta ao histórico do protocolo. O usuário tem a escolha de usar o protocolo antigo ou o novo. Se o novo for melhor e atrair poder de mineração suficiente, será escolhido. Forking é um mecanismo chave para assegurar a eficiência no *DeFi*.

Formador de mercado automatizado (Automated Market Maker, ou AMM). Um *contrato inteligente* que mantém ativos em ambos os lados da negociação e cota continuamente um preço para compra e para venda. Baseado nas compras e vendas executadas, o contrato atualiza o tamanho do ativo por trás do lance e do pedido e usa essa proporção para definir uma função de precificação.

Fornecedor de liquidez [em inglês, "liquid provider", LP]. Um usuário que obtém um retorno depositando ativos em um pool ou em um *contrato inteligente.*

Fragmentação ["sharding"]. O processo de divisão horizontal de um banco de dados, no contexto de um blockchain. Também conhecido como *escalabilidade horizontal*. Divide o trabalho do sistema em várias peças, mantendo a descentralização, mas aumentando o rendimento do sistema por meio da paralelização. A *Ethereum 2.0* adota essa abordagem com o objetivo de reduzir o congestionamento da rede e aumentar o número de transações por segundo.

Fundos bloqueados. Fundos presos em um *contrato inteligente* devido a um bug no contrato.

Gás. Taxa exigida para executar uma transação e um *contrato inteligente*. É o mecanismo que permite ao *Ethereum* lidar com o problema de parada (*halting problem*).

Gasto duplo. Um problema que atormentou as iniciativas de moeda digital nos anos 1980 e 1990: são feitas cópias perfeitas de um ativo digital, que podem ser gastas várias vezes. O white paper *Satoshi Nakamoto* em 2008 resolveu esse problema usando uma combinação de tecnologia *blockchain* com *prova de trabalho.*

Geoblock. Tecnologia que bloqueia os usuários de determinados países vinculados a regulamentações que impedem o aplicativo.

Hash. Ver *Hash criptográfico.*

Hash criptográfico. Uma função unidirecional que representa exclusivamente os dados de entrada. Pode ser pensado como uma impressão digital única. A saída tem um tamanho fixo, embora a entrada possa ser arbitrariamente grande. Não é criptografado porque não permite a recuperação da mensagem original. Um algoritmo de hash popular é o SHA-256, que retorna 256 bits ou 64 caracteres *hexadecimais*. O *blockchain Bitcoin* usa o SHA-256. *Ethereum* usa o Keccak-256. Também conhecido como um *hash* ou *resumo de mensagem.*

Hexadecimal. Contagem de sistema com base 16 que inclui os primeiros 10 números, de 0 a 9, mais as 6 primeiras letras do alfabeto, de A a F. Cada caractere hexadecimal representa 4 bits, onde 0 é 0000 e o décimo sexto (f) é 1111.

Incentivo. Um termo amplo, usado para compensar o comportamento produtivo. Como exemplos, *incentivos diretos* [em inglês, "direct incentives"] e *incentivos comprometidos* [em inglês, "staked incentive"].

Incentivo comprometido [em inglês, "staked incentive"]. Um saldo de token custodiado em um *contrato inteligente* com o objetivo de influenciar o comportamento do usuário. Uma recompensa de participação é projetada para incentivar um comportamento passivo, dando ao usuário um bônus em seu saldo de tokens com base no tamanho da aposta. Uma punição de redução (*slashing*) é destinada a desencorajar o mau comportamento ao retirar uma porção do saldo de tokens, baseado no tamanho da aposta.

Incentivo direto. Pagamento ou taxa associada à ação de um usuário específico, com a intenção de recompensá-lo por um comportamento positivo. Por exemplo, imagine que uma *obrigação de dívida garantida* se torna subgarantida. A condição não aciona a liquidação automaticamente; em vez disso, uma *conta de propriedade externa* deve acioná-la e, em seguida, uma recompensa (incentivo direto) é dada.

Invariante. O resultado de uma regra de produto constante. Por exemplo, invariante = $SA \times SB$, onde SA é a oferta do ativo A e SB é a oferta do ativo B. Suponha que uma taxa de câmbio instantânea seja $1A{:}1B$. A oferta do ativo A = 4 e a do B = 4. A invariante é = 16. Imagine que o investidor quer trocar alguns A por B. O investidor deposita 4 de A, então o contrato tem 8 A (SA = 4 + 4 = 8). O investidor pode retirar apenas 2 dos ativos B, conforme definido pela invariante. A nova oferta de B, portanto, é 2 (SB = 4 − 2 = 2). A invariante não muda, permanecendo em 16 = 2 × 8. No entanto, a taxa de troca muda, e agora é $2A{:}1B$.

Keeper. Uma classe de *contas de propriedade externa* que são um incentivo para realizar uma ação em um protocolo *DeFi* de um *dApp*. O keeper recebe uma recompensa na forma de uma taxa fixa ou uma porcentagem de ação incentivada. Por exemplo, o keeper recebe uma taxa por liquidar uma *obrigação de dívida garantida* quando ela se torna subgarantida.

Legos Defi. A ideia de que combinar protocolos para construir um novo protocolo é possível. Às vezes referido como legos de dinheiro DeFi ou composição.

Liquidez em rede. A ideia de que qualquer aplicação de exchange pode alavancar a liquidez e as taxas de qualquer outra exchange no mesmo *blockchain*.

Moeda fiduciária. Papel-moeda sem garantia, que é essencialmente um IOU emitido por um governo.

Minerador. Percorre vários valores de um dado chamado *nonce* para tentar encontrar um valor de *hash criptográfico* em um *blockchain prova de trabalho*. Reúne e valida transações candidatas para um novo bloco, adiciona um *nonce* e executa uma *função de hashing criptográfico*. O *nonce* é variado, e o hashing continua. Se os mineradores "ganham" ao encontrar um valor de hash muito baixo, eles recebem uma recompensa direta em criptomoeda recém-criada. O minerador ainda ganha uma recompensa direta, coletando taxas por transações incluídas em seu bloco.

Nó. Um computador ou rede que detém uma cópia completa de um *blockchain*.

Nonce. Um mecanismo de contagem de *mineradores* enquanto eles percorrem vários valores ao tentar descobrir um valor de *hash criptográfico* raro. *Nonce* é derivado de "número apenas uma vez" [em inglês, "number only once"].

Obrigação de dívida garantida. Nas finanças tradicionais, um instrumento de dívida, como a hipoteca. No *DeFi*, um exemplo seria uma *stablecoin* supergarantida com um criptoativo.

Oferta DeFi inicial (IDO). Um método de definir o preço inicial para um novo token. Um usuário pode ser o primeiro provedor de liquidez em um par, como o novo token e uma *stablecoin,* como o USDC. Essencialmente, o usuário estabelece um piso artificial para o preço do novo token.

Optimistic Rollup. Uma solução de escalabilidade em que as transações são agregadas fora da cadeia (off-chain) em uma única *compilação*, que é submetida à cadeia periodicamente.

Oracle. Um método pelo qual as informações são coletadas fora de um *blockchain*. As partes devem concordar com a fonte da informação.

Oracle de Schelling-point. Um tipo de *oracle* que depende dos proprietários e um fornecimento fixo de tokens para votar no resultado de um evento ou relatar o preço de um ativo.

Organização autônoma descentralizada [em inglês, "descentralized autonomous organization", DAO]. Organização algorítmica com um conjunto de regras codificadas em um *contrato inteligente* que estipula quem pode executar que comportamento ou atualização. Comumente inclui um *token de governança*.

Participação [em inglês, "staking"]. As cauções de fundos em um contrato inteligente por usuários que estão sujeitos a uma punição (fundos *confiscados*) se eles se desviarem do comportamento esperado.

Perda impermanente. Aplicada aos formadores de mercado automatizados (AMM), onde um contrato mantém ativos em ambos os pares de negociação. Imagine que um AMM imponha uma taxa fixa de câmbio entre dois ativos e ambos ganhem valor de mercado. O primeiro ativo valoriza mais que o segundo. Os usuários drenam o primeiro ativo e o contrato fica apenas com o segundo ativo. A perda impermanente é o valor do contrato se não ocorreu nenhuma troca (valor de ambos os tokens) menos o valor do contrato após ser drenado (valor do segundo token).

Permuta. Um mecanismo de troca ponto a ponto no qual duas partes são combinadas de maneira exata. Por exemplo, A tem dois porcos e precisa de uma vaca. B tem uma vaca e precisa de dois porcos. Existe algum debate se a permuta foi o primeiro método de câmbio. Por exemplo, David Graeber argumenta que a primeira forma de negócio foi no formato débito–crédito. As pessoas que viviam na mesma aldeia trocavam "presentes", que, por consenso social, teriam que ser retribuídos no futuro por outro presente, que geralmente era um pouco mais valioso (juros). As pessoas mantinham na mente o registro das trocas, pois era natural e conveniente fazê-lo, pois havia apenas um punhado compartilhando a mesma aldeia. A cunhagem entrou em ação muitos anos depois, com o aumento da migração e da guerra, sendo o imposto de guerra um dos primeiros casos de uso.

Problema de parada [em inglês, "halting problem"]. Um programa de computador em loop infinito. A *Ethereum* resolve esse problema ao exigir uma taxa para uma certa quantidade de computação. Se o *gás* acaba, o programa para.

Protocolo de consenso. Mecanismo no qual as partes concordam em adicionar um novo bloco a um *blockchain* existente. Tanto *Ethereum* quanto *Bitcoin* usam a *prova de trabalho*,[*] mas há vários outros mecanismos, como o *prova de participação*.

---

[*] Desde 15 de setembro de 2022, o Ethereum usa a prova de participação (proof of stake) como método de validação. [N. da RT.]

Prova de participação [em inglês, "proof of stake", PoS]. Mecanismo alternativo de consenso e recurso essencial da Ethereum 2.0, no qual a aposta de um ativo no próximo bloco substitui a mineração de blocos, como na prova de trabalho (PoW). Na PoW, os mineradores gastam com energia elétrica e equipamento para conseguirem um bloco. Na prova de participação, os validadores comprometem algum capital (a participação) para atestar que o bloco é válido. Os validadores se disponibilizam comprometendo sua criptomoeda e, em seguida, são selecionados aleatoriamente para propor um bloco. O bloco proposto precisa ser atestado pela maioria dos outros validadores. Os validadores lucram tanto por propor um bloco quanto por atestarem a validade de outros blocos propostos. Se o validador age maliciosamente, há um mecanismo de punição, onde a sua participação é *confiscada*.

Prova de trabalho [em inglês, "proof of work", PoW]. Defendido originalmente por Back em 2002, o mecanismo de consenso para os dois principais *blockchains*: *Bitcoin* e *Ethereum.** Os *mineradores* competem para encontrar um *hash criptográfico* raro, que é difícil de encontrar, mas fácil de verificar. Os mineradores são recompensados por encontrar o hash criptográfico e usá-lo para adicionar o bloco ao *blockchain*. A dificuldade computacional de encontrar o hash torna impraticável retroceder para reescrever a história de um blockchain mais longo.

Queima. A retirada de um token de circulação, o que reduz a oferta de tokens. Obtido enviando o token para um endereço *Ethereum* sem dono ou para um contrato que não pode gastá-lo. Parte importante de muitos *contratos inteligentes*, por exemplo, ocorrendo quando alguém sai de um pool e resgata os ativos subjacentes.

---

* Desde 15/9/2022, o Ethereum usa a prova de participação (proof of stake) como método de validação. [N. da RT.]

Rede Principal. O *blockchain* de produção totalmente operacional por trás de um token, como os blockchains *Bitcoin* e *Ethereum*. Muitas vezes usado para contrastar com o *testnet*.

Redução [em inglês, "slashing"]. Um mecanismo de protocolos de *blockchains prova de participação* destinados a desencorajar determinado mau comportamento do usuário.

Risco de escalabilidade. A capacidade limitada da maioria dos blockchains atuais para lidar com um número maior de transações por segundo. Ver *escalabilidade vertical* e *escalabilidade horizontal*.

Swap. A troca de tokens. No *DeFi*, os swaps são *atômicos* sem custódia. Os fundos podem ser custodiados em um *contrato inteligente* com direitos de retirada exercíveis a qualquer momento antes da conclusão do swap. Se este não for concluído, todas as partes retêm seus fundos custodiados.

Stablecoin. Um token atrelado ao valor de um ativo, como o dólar. Uma stablecoin pode ser garantida com ativos físicos (por exemplo, o dólar em USDC) ou digital (exemplo, DAI) ou não ter garantia (exemplo, AMPL e ESD).

Testnet. *Blockchain* de funcionamento idêntico a uma *rede principal*, cujo objetivo é testar o software. Os tokens associados ao testnet quando testam a Ethereum, por exemplo, são chamados de ETH de teste, obtidos gratuitamente de um contrato inteligente que cria o ETH de teste (conhecido como faucet).

Token de governança. O direito do titular de votar em mudanças no protocolo. São exemplos o token MKR, do MakerDAO, e o token COMP, do Compound.

Token de patrimônio. Um tipo de criptomoeda que representa a titularidade de um ativo subjacente ou de um pool de ativos.

Token de utilidade. Um token fungível exigido para o uso de algumas funcionalidades do sistema de um contrato inteligente ou que tenha um valor intrínseco definido pelo próprio sistema do contrato inteligente. Por exemplo, uma *stablecoin*, com garantia ou algorítmica, é um token de utilidade.

Transparência. A capacidade de qualquer um de ver o código de todas as transações enviadas para um *contrato inteligente*. Um explorador de blockchain comumente usado é o etherscan.io.

Valor extraível do minerador. O lucro derivado de um minerador. Por exemplo, os mineradores podem executar uma transação pendente que acreditam que aumentará o preço da criptomoeda (por exemplo, uma compra grande). Também conhecido como *valor máximo extraível*.

Vampirismo. Uma cópia exata ou quase exata de uma plataforma *DeFi* projetada para tirar a liquidez de uma plataforma existente, muitas vezes oferecendo *incentivos diretos* ao usuário.

Yield farming. Um meio de fornecer recompensas financiadas por contrato aos usuários por investirem capital ou usarem um protocolo.

NOTAS

CAPÍTULO I

1. Ver Alan White, "David Graber's Debt: The First 5000 Years", *Credit Slips,* 24 de junho de 2020, https://www.creditslips.org/creditslips/2020/06/david-graebers-debt-the-first-5000-years.html.

2. Dean Corbae e Pablo D'Erasmo, "Rising Bank Concentration", Staff Paper #594, Federal Reserve Bank of Minneapolis, março de 2020, https://doi.org/10.21034/sr.594.

3. *Plaid*, http://plaid.com.

4. R. Chetty, N. Hendren, P. Kline e E. Saez, "Where Is the Land of Opportunity? The Geography of Intergenerational Mobility in the United States", *Quarterly Journal of*

Economics 129, n. 4 (2014): 1553–1623; Amber Nara-yan et al., *Fair Progress?: Economic Mobility Across Generations Around the World, Equity and Development*, Washington, DC: Banco Mundial, 2018.

CAPÍTULO II

1. Alan White, "David Graeber's Debt: The First 5000 Years", *Credit Slips: A Discussion on Credit, Finance, and Bankruptcy,* 18 de junho de 2020, https://www.credit-slips.org/creditslips/2020/06/david-graebers-debt-the--first-5000years.html.

2. Ibid. Ver também *Euromoney*. 2001. "Forex Goes into Future Shock." (Outubro), https://faculty.fuqua.duke.edu/~charvey/Media/2001/EuromoneyOct01.pdf.

3. O PayPal, fundado como Confinity em 1998, não começou oferecendo função de pagamentos até se fundir com a X.com em 2000.

4. Outros exemplos incluem Cash App, Braintree, Venmo e Robinhood.

5. C. R. Harvey, "The History of Digital Money," 2020, https://faculty.fuqua.duke.edu/~charvey/Teaching/697_2020/Public_Presentations_697/History_of_Digital_Money_2020_697.pdf.

6. Satoshi Nakamoto, "Bitcoin: A Peer-to-Peer Electronic Cash System", 2008, https://bitcoin.org/bitcoin.pdf.

7. Stuart Haber e W. Scott Stornetta, "How to TimeS-tamp a Digital Document", *Journal of Cryptology*, 3, n. 2 (1991), https://dl.acm.org/doi/10.1007/BF00196791.

8. Adam Back, "Hashcash – A Denial of Service Counter-Measure," 1º de agosto de 2002, http://www.hashcash.org/ papers/hashcash.pdf.

9. Paul Jones e Lorenzo Giorgianni, "Market Outlook: Macro Perspective", *Jameson Lopp*, n.d., https://www.lopp.net/pdf/BVI-Macro-Outlook.pdf.

10. C. Erb e C. R. Harvey, "The Golden Dilemma," *Financial Analysts Journal*, 69, n. 4 (2013): 10–42, mostra que o ouro é um hedge de inflação não confiável em horizontes de curto e médio prazo.

11. Similar ao ouro, o Bitcoin é provavelmente muito volátil para ser um hedge de inflação confiável em horizontes curtos. Embora teoricamente dissociado da oferta de dinheiro ou economia de qualquer país, na breve história do Bitcoin não experimentamos nenhum aumento de inflação. Portanto, não há evidências empíricas de sua eficácia.

CAPÍTULO III

1. De um painel de discussão no Computer History Museum, ver newsbtc, "Google Chairman Eric Schmidt: Bitcoin Architecture an Amazing Advancement", *newsbtc*, 2014, https://www.newsbtc.com/news/ google-chairman-eric-schmidt-bitcoin-architectureamazing-advancement/.

2. Tokens fungíveis têm valor igual, assim como cada nota de dólar tem o mesmo valor e uma nota de US$10 é igual a duas de US$5. Tokens não fungíveis, por outro lado, refletem o valor daquilo a que estão associados (por exemplo, um token não fungível pode ser associado a uma peça de arte, como um quadro). Não necessariamente têm o mesmo valor.

3. Steve Ellis, Ari Juels e Sergey Nazarov, "ChainLink: A Decentralized Oracle Network", 4 de setembro de 2017, https://research.chain.link/whitepaper-v1.pdf?_ga= 2.202512913.1239424617.1619728722-1563851301. 1619728722.

4. Lorenz Breidenbach *et al.*, "Chainlink 2.0: Next Steps in the Evolution of Decentralized Oracle Networks," 15 de abril de 2021, https://research.chain.link/white-paper-v2.pdf.

5. Tether, *Tether Operations*, 2021, https://tether.to.

6. Em 30 de março de 2021, Tether produziu um "atestado" (verificação de fundos por terceiros) preparado por Moore Cayman de suas participações em 28 de fevereiro de 2021. Essa é uma análise única das participações, e não uma auditoria regular.

7. "USDC: The World's Leading Digital Dollar Stablecoin,"*Circle Internet Financial Limited*, 2021, https:// www.circle.com/en/usdc.

8. É claro, de uma perspectiva regulatória centralizada, a lista negra pode ser um recurso desejável, não um risco.

9. *MakerDAO*, https://makerdao.com.

10. *Synthetix*, https://www.synthetix.io/.

11. NaderAl-Naji,"Dear Basis Community," *Basis*, 13 de dezembro de 2018, https://www.basis.io/.

12. *Ampleforth*, https://www.ampleforth.org/.

13. *Empty set dollar*, https://www.emptyset.finance/.

14. Ver, por exemplo, *Financial Stability Board*, "Regulation, SupervisionandOversightof"GlobalStablecoin"Arrangements," 13 de outubro de 2020, https://www.fsb.org/wp-content/ uploads/P131020-3.pdf.

CAPÍTULO IV

1. Tecnicamente, uma transação enviada para um EOA também pode enviar dados, mas os dados não têm uma função específica dentro do Ethereum.

2. Fabian Fobelsteller e Vitalik Buterin, "EIP-20: ERC20 Token Standard", *Ethereum Improvement Proposals,* n. 20, novembro de 2015 [Série online], https://eips.ethereum.org/EIPS/eip-20.

3. William Entriken *et al.*, "EIP-721: ERC-721 NonFungible Token Standard", *Ethereum Improvement Proposals,* no. 721, janeiro de 2018 [Série online], https:// eips.ethereum.org/EIPS/eip-721.

4. Witek Radomski *et al.*, "EIP-1155: ERC-1155 Multi Token Standard," *Ethereum Improvement Proposals,* n. 1155, junho de 2018 [Série online], https://eips.ethereum.org/EIPS/eip-1155.

5. Checksums ["somas de verificação"], em geral, são fundamentos criptográficos usados para verificar a integridade dos dados. No contexto dos endereços Ethereum, o EIP-55 propôs uma codificação de soma de verificação específica de endereços para interromper as transferências de tokens de recebimento de endereços incorretos. Se um endereço usado para uma transferência de token não inclui os metadados corretos da soma de verificação, o contrato pressupõe que o endereço foi digitado incorretamente, e a transação falharia. Normalmente, essas verificações são acionadas por compiladores de código antes de implantar o código de contrato inteligente e pelo software cliente usado para interagir com a Ethereum. Ver Vitalik Buterin e Alex Van de Sande, "EIP-55: Mixedcase checksum address encoding," *Ethereum Improvement Proposals*, n. 55, janeiro de 2016 [Série online], https:// eips.ethereum.org/EIPS/eip-55.

6. Registrar contratos e interfaces permite a um contrato inteligente dentro da cadeia determinar se outro contrato com o qual interage está implementando a interface pretendida. Por exemplo, um contrato pode se registrar como capaz de lidar com tokens ERC-20 específicos se não puder lidar com todos os tokens ERC-20. Enviar contratos pode verificar que o recipiente não suporta os tokens ERC-20 como uma condição prévia para liberar a transferência. O EIP-165 propõe uma solução

padrão na qual cada contrato declara quais interfaces implementam. Ver Christian Reitwießner *et al.*, "EIP-165: ERC-165 Standard Interface Detection," *Ethereum Improvement Proposals,* n. 165, janeiro de 2018 [Série online], https:// eips.ethereum.org/EIPS/eip-165.

CAPÍTULO VI

1. Muitos recursos DeFi estão disponíveis. Para exemplos, ver https://defipulse.com/defi-list/ e https://github.com/ong/awesome-decentralized-finance. Não cobrimos todas as aplicações. Por exemplo, seguros é uma área em crescimento no DeFi, que oferece uma reinvenção dos mercados tradicionais de seguros.

2. Stellar, *Stellar Development Foundation*, 2021, https:// www.stellar.org/; EOS, Block.one, 2021, https://eos.io/.

3. *Polkadot*, Web3 Foundation, 2021, https://polkadot. network/.

4. *MakerDAO*, https://makerdao.com.

5. É possível depositar ETH em um contrato e receber DAI. Um investidor pode usar DAI para comprar mais ETH e repetir o processo, permitindo ao investidor criar uma posição ETH alavancada.

6. A quantidade de ETH à venda depende da garantia. Qualquer garantia desnecessária permanece no contrato para o titular do cofre retirar.

7. A regra de quórum para o Compound é uma maioria dos usuários, cada um com um mínimo de 400 mil COMP (4% do fornecimento total eventual).

8. "Distribui COMP para os Usuários", *Compound Labs, Inc.*, 15 de junho de 2020, https://compound.finance/ governance/ proposals/7.

9. *PoolTogether*, https://pooltogether.com/.

10. Na maioria das loterias, 30% a 50% das vendas vai para cobrir os custos administrativos e para uso do governo ou caridade; portanto, o valor esperado ao investir US$1 na loteria é entrc US$0,50 e US$0,70. Em uma loteria sem perdas, todas as vendas são pagas e o valor esperado é US$1.

11. *Aave*, 2021, https://aave.com/.

12. *Uniswap*, https://app.uniswap.org/#/swap.

13. Um provedor de liquidez contribui para ambos os lados do mercado, aumentando assim a liquidez total do mercado. Se um usuário trocar um ativo por outro, a liquidez total do mercado medida pela invariante não muda.

14. *Curve*, https://curve.fi/.

15. O ETH, embora fungível, não é um ERC-20. Muitas plataformas, incluindo o Uniswap, usam alternativamente o WETH, uma versão ERC-20 do ETH, para contornar isso. O Uniswap permite ao usuário fornecer diretamente, negociar com ETH e converter para

WETH por baixo dos panos. Ver "WTF Is WETH?" Radar Relay, Inc., 2021, https://weth.io/.

16. https://github.com/bogatyy/bancor

17. https://explore.flashbots.net/

18. Esta é uma verificação de nível de contrato inteligente. Em outras palavras, antes de finalizar um negócio, o contrato verifica o slippage total do preço inicialmente lançado até o preço de execução efetivo (que poderia ter mudado se outras transações o fizessem primeiro, como a tentativa de antecipação descrita). Se esse slippage exceder a tolerância predefinida do usuário, toda a negociação é cancelada e o contrato não é executado.

19. Andrey Shevchenko, "A New DeFi Exchange Says It Has Solved an Industry-Wide Problem", *Cointelegraph*, 11 de agosto de 2020, https://cointelegraph.com/news/ a-new--defi-exchange-says-it-has-solved-an-industrywide-problem.

20. Sushiswap, https://sushi.com/.

21. *Balancer*, Balancer Labs, https://balancer.finance/.

22. A superfície de ligação no Balancer é dada por t, onde $V = \prod_{t=0}^{n} B_t^{W^t}$ é a função valor (análoga a k), n é o número de ativos no pool, B é o saldo do token t no pool e W é o peso normalizado do token t. Ver Fernando Martinelli, "Bonding Surfaces & Balancer Protocol", *Balancer*, 4 de outubro de 2019, https://medium.com/ balancer-protocol/bonding-surfaces balancer-protocol--ff6d3d05d577.

23. Uniswap, "Introducing Uniswap V3", *Uniswap,* March 23, 2021, https://uniswap.org/blog/uniswap-v3/.

24. Dan Robinson e Allan Niemerg. 2020. "The Yield Protocol: On-Chain Lending with Interest Rate Discovery," April [White paper], https://research.paradigm.xyz/Yield.pdf.

25. Martin Lundfall, Lucas Vogelsang e Lev Livnev, Chai, chai.money, https://chai.money/.

26. dYdX, https://dydx.exchange/.

27. O perpétuo de BTC-USD usa o BTCUSD do Maker-DAO BTCUSD Oracle V2, um oracle que relata de forma on-chain os preços do bitcoin das exchanges de criptomoedas de Binance, Bitfinex, Bitstamp, Bittrex, Coinbase Pro, Gemini e Kraken. Ver Nick Sawinyh, "What Are Perpetual Contracts for Bitcoin? dYdX Perpetual Futures Explained", *defiprime.com,* 7 de julho de 2020, https:// defiprime.com/perpetual-dydx.

28. Cada protocolo no DeFi pode atualizar saldos somente quando um usuário interage com o protocolo. No exemplo do Compound, a taxa de juros é fixa até que a oferta entre ou saia do pool, o que altera a utilização. O contrato simplesmente mantém o controle da taxa atual e o último registro de data e hora quando os saldos foram atualizados. Quando um novo usuário pede emprestado ou oferta, a transação atualiza as taxas para todo o mercado. Da mesma forma, enquanto a Taxa de Financiamento do dYdX é atualizada a cada segundo, ela é aplicada apenas no momento em que o usuário

abre, fecha ou edita uma posição. O contrato calcula os novos valores com base em quais eram as taxas e há quanto tempo a posição de futuros está aberta.

29. Esses produtos não estão disponíveis para investidores nos EUA.

30. *Synthetix*, https://www.synthetix.io/.

31. *Chainlink*, SmartContract Chainlink Ltd., 2021, https://chain.link/.

32. Ver Garth Travers, "All Synths Are Now Poweredby Chainlink Decentralised Oracles", *Synthetix,* 1º de setembro de 2020, https://blog.synthetix.io/all-synths-are-nowpowered-by-chainlink-decentralised-oracles/.

33. Em qualquer posição Synthetix, os investidores estão apostando efetivamente que seus retornos ultrapassarão os do pool. Por exemplo, ao manter somente sUSD, o investidor está efetivamente apostando contra toda a composição das carteiras Synthetix de todos os outros investidores e esperando que o USD supere todos os outros ativos mantidos. O objetivo do investidor é ter Synths que ele acha que superarão o resto do mercado, porque é a única maneira de lucrar.

34. *Set Protocol*, Set, https://www.setprotocol.com.

35. wBTC, Wrapped Bitcoin, https://wbtc.network/.

36. No entanto, o nível absoluto de volatilidade do bitcoin ainda é muito alto, em comparação com ativos tradicionais como o S&P 500 ou o ouro.

CAPÍTULO VII

1. Bloomberg, "How to Steal $500 Million in Cryptocurrency", *Fortune,* 31 de janeiro de 2018, https://fortune.com/2018/01/31/coincheck-hack-how/.

2. Szabo, Nick. 1997. "Formalizing and Securing Relationships on Public Networks", Satoshi Nakamoto Institute, https:// nakamotoinstitute.org/formalizing-securing-relationships/.

3. *dForce*, https://dforce.network/; bZx, bZeroX, 2021, https:// bzx.network/; Andre Shevchenko, "DForce Hacker Returns Stolen Money as Criticism of the Project Continues," *Cointelegraph,* 22 de abril de 2020, https:// cointelegraph.com/ news/dforce-hacker-returns-stolen--money-as-criticismof-the-project-continues; Adrian Zmudzinski, "Decentralized Lending Protocol bZx Hacked Twice in a Matter of Days," *Cointelegraph,* 18 de fevereiro de 2020, https:// cointelegraph.com/news/decentralized-lending-protocolbzx-hacked-twice-in--a-matter-of-days; Quantstamp, 2017– 2020, https:// quantstamp.com/; Trail of Bits, https:// www.trailof-bits.com/; PeckShield, 2018, https://blog. peckshield.com/.

4. Kyle J. Kistner, "Post-Mortem: Funds Are SAFU," *bZerox,* 17 de fevereiro de 2020, https://bzx.network/blog/postmortem-ethdenver.

5. Ethereum block 1428757.

6. Andrew Hayward e Robert Stevens, "Hackers Just Tapped China's dForce for $25 Million in Ethereum Exploit," *Decrypt,* 19 de abril de 2020, https://decrypt.co/26033/dforce-lendfme-defi-hack-25m.

7. Michael McSweeney, "Yearn Finance Suffers Exploit, Says $2.8 Million Stolen by Attacker out of $11 Million Loss," *Block,* 4 de fevereiro de 2021, https://www.theblockcrypto.com/linked/93818/yearn-finance-dai-pool-defiexploit-attack.

8. "Transaction Details," *Etherscan,* 4 de fevereiro de 2021, https://etherscan.io/tx/0x6dc268706818d1e65037399 50abc5ba2211fc6b451e54244da7b1e226b12e027.

9. Ashwin Ramachandran e Haseeb Qureshi, "Decentralized Governance: Innovation or Imitation?", *Dragonfly Research,* 5 de agosto de 2020, https://medium.com/dragonfly-research/decentralized-governance-innovationor-imitation-ad872f37b1ea.

10. *Automata*, https://automata.fi/.

11. True Seigniorage Dollar, "Twitter Status", 13 de março de 2021, https://twitter.com/trueseigniorage/status/13709 56726489415683?lang=en.

12. *Augur,* PM Research LTD, 2020, https://augur.net/; UMA, Risk Labs, 2020, https://umaproject.org/.

13. *Provable,* Provable Things Limited, https://provable.xyz/; *Chainlink,* SmartContract Chainlink Ltd, 2021, https://chain.link/.

14. Ivan Bogatyy, "Implementing Ethereum Trading Front-tRuns on the Bancor Exchange in Python," *Hacker-noon,* 17 de agosto de 2017, https://hackernoon.com/front-runningbancor-in-150-lines-of-python-with-e-thereum-apid5e2bfd0d798; Kain Warwick, "Addressing Claims of Deleted Balances," *Synthetix,* 16 de setembro de 2019, https://blog.synthetix.io/addressing--claims-ofdeleted-balances/.

15. Priyeshu Garg, "Chainlink Experiences 6-Hour Delay on ETH Price Feed", *Cryptobriefing,* 13 de março de 2020, https://cryptobriefing.com/chainlink-experien-ces-6-hourdelay-eth-price-feed/; Tom Schmidt, "Daos Ex Machina: An In-Depth Timeline of Maker's Recent Crisis," *DragonflyResearch,* 24 de março de 2020, https://medium.com/dragonfly-research/daos-ex-ma-china-an-in-depthtimeline-of-makers-recent-crisis--66d2ae39dd65.

16. *Polkadot,* Web3 Foundation, 2021, https://polkadot.network/; Zilliqa Zilliqa Research Pte. Ltd., 2020, ht-tps://www.zilliqa.com/; Algorand, Algorand, 2021, ht-tps://www.algorand.com/.

17. *Solana*, Solana Foundation, https://solana.com/.

18. Ver https://docs.ethhub.io/ethereum-roadmap/ethe-reum2.0/eth-2.0-phases/.

19. Para mais sobre esse tópico, ver Haseeb Qureshi, "What Explains the Rise of AMMs?", *Dragonfly Research,* ju-lho de 2020.

20. *Cap*, https://cap.eth.link/.

21. Jump, Jump Trading, LLC, 2021, https://www.jump-trading.com/; *Virtu*, VIRTU Financial, 2021, https://www.virtu.com/; *DRW*, DRW Holdings, LLC, 2021, https:// drw.com/; Jane Street, https://www.janestreet.com/.

22. Nathaniel Popper, "Lost Passwords Lock Millionaires Out of Their Bitcoin Fortunes", *New York Times,* 12 de janeiro de 2021, https://www.nytimes.com/2021/01/12/technology/bitcoin-passwords-wallets-fortunes.html.

23. "A Complete List of Cryptocurrency Exchange Hacks", *IDEX Blog,* última atualização em 16 de julho de 2020, https://blog.idex.io/all-posts/a-complete-list-of-cryptocurrency-exchangehacks-updated.

24. BitMEX, "Announcing the BitMEX User Verification Programme", *BitMEX,* 14 de agosto de 2020, https://blog. bitmex.com/announcing-the-bitmex-user-verificationprogramme/.

25. Nader Al-Naji, "Dear Basis Community", *Basis*, 13 de dezembro de 2018, https://www.basis.io/.

26. Brady Dale, "Basis Stablecoin Confirms Shutdown, Blaming 'Regulatory Constraints'", *Coindesk,* 13 de dezembro de 2018, https://www.coindesk.com/basis-stablecoinconfirms-shutdown-blaming-regulatory-constraints.

27. https://basis.cash/.

28. "ICO Issuer Settles SEC Registration Charges, Agrees to Return Funds and Register Tokens as Securities," *U.S. Securities and Exchange Commission,* 19 de fevereiro de 2020, https://www.sec.gov/news/press-release/2020-37.

29. "Virtual Currency Business Activity," *Department of Financial Services, State of New York,* https://www.dfs.ny.gov/apps_and_licensing/virtual_currency_ businesses.

30. https://www.irs.gov/pub/irs-dft/i1040gi--dft.pdf.

31. Bryan Hubbard, "Federally Chartered Banks and Thrifts May Provide Custody Services for Crypto Assets," *Office of the Comptroller of the Currency,* 22 de julho de 2020, https:// www.occ.gov/news-issuances/news-releases/2020/nrocc-2020-98.html.

CAPÍTULO VIII

1. *Dharma*, Dharma Labs, https://www.dharma.io/.

ÍNDICE

Projetos corporativos e edições personalizadas
dentro da sua estratégia de negócio. Já pensou nisso?

Coordenação de Eventos
Viviane Paiva
viviane@altabooks.com.br

Contato Comercial
vendas.corporativas@altabooks.com.br

A Alta Books tem criado experiências incríveis no meio corporativo. Com a crescente implementação da educação corporativa nas empresas, o livro entra como uma importante fonte de conhecimento. Com atendimento personalizado, conseguimos identificar as principais necessidades, e criar uma seleção de livros que podem ser utilizados de diversas maneiras, como por exemplo, para fortalecer relacionamento com suas equipes/ seus clientes. Você já utilizou o livro para alguma ação estratégica na sua empresa?

Entre em contato com nosso time para entender melhor as possibilidades de personalização e incentivo ao desenvolvimento pessoal e profissional.

PUBLIQUE SEU LIVRO

Publique seu livro com a Alta Books. Para mais informações envie um e-mail para: autoria@altabooks.com.br

CONHEÇA OUTROS LIVROS DA **ALTA BOOKS**

Todas as imagens são meramente ilustrativas.

Este livro foi impresso nas oficinas gráficas da Editora Vozes Ltda.,
Rua Frei Luís, 100 – Petrópolis, RJ.